わかる! 身につく! ひぐけん流 ゴルフ術

著者 **樋口健太郎**
（ひぐけんゴルフTV）

共著者 **樋口翔太郎**

JN060000

【ゴルフは考え方と基礎が 9 割】

本書を手に取ってくださりありがとうございます。感謝申し上げます。

あなたはいつ、どのようなきっかけでゴルフを始めましたか。

ゴルフのどんなところが好きですか。

いま、どんなことに悩んでいますか。

僕は父のすすめで、小学三年生のときに三人兄弟そろってゴルフを始めました。

兄と弟は早々にやめてしまい、「僕がやめたら親父は悲しむだろうな」という思いからゴルフを続けましたが、この頃は練習に行くためにもらったお小遣いをゲームセンターのメダルゲームに費やしてしまうほど不真面目でした。

少しずつゴルフの楽しさを理解するようになり、中学二年生のとき、「海外でのゴルフ留学」を父に頼み込みました。8ヶ月間、ゴルフ漬けの毎日をオーストラリアで過ごしました。

その後、僕のゴルフ人生にとって衝撃的な出来事が起きます。

帰国後初の試合で、110 というスコアを叩いてしまったのです。

父の驚きと失望に満ちた表情は、今でも鮮明に覚えています。

『ゴルフのセンスがない』

痛烈にそう感じ、僕は変わりました。

❶考え抜いて質の良い練習を積み重ねること
❷ショットの精度や体力レベルが高くなくても、マネジメントやその状況に対する『メンタル・考え方・とらえ方』でスコアメイクすること

この『考え方と基礎』を常に意識して、試行錯誤し取り組み続けたことで、プロテストに合格することができました。電話越しで、「ほんまに大したもんや」と父が嬉し泣きで声が震えていたのを聞いたときが、僕のゴルフ人生で最も達成感を感じた瞬間でした。

本書のテーマ【ゴルフは考え方と基礎が 9 割】は、僕がゴルフをする上での信条です。

本書では、『センスのない』僕がプロになれるレベルに到達できた実証済みの練習法と考え方を紹介しています。

コロナ禍に友人の薦めで始めた Instagram で練習法を投稿したところ、ありがたいことにフォロワー数が 5 万人となり、弟・翔太郎の誘いで始めた YouTube『ひぐけんゴルフTV』では、「目標スコアを達成できた」「分かりやすくて実践しやすい」「あの練習法のおかげで、スコアが安定するようになった」などのお声を頂いており、おかげさまでチャンネル登録者数は 21 万人を超えました（2023年 8 月現在）。

僕はショートゲームが得意で「センスがある」「感覚が良い」などのお褒めの言葉をいただくことも多いのですが、感覚を頼りにゴルフをすることは今なおありません。

ゴルフのすべてにおいて【考え方と基礎】を追究し、揺るがない基礎が定着していけばいくほど、その固めた基礎の上に乗せられる『応用技術や感覚』が増えて「ゴルフのセンスが良い」と周囲から感じられ、感性豊かなゴルフに見えるのではないかと思っています。

この本を手に取ってくださったあなたも、『技術をスコアという数字に結びつけるための考え方』と『正しい基礎の積み重ね』を徹底することで、まったく別次元のゴルフになると確信しています。

本書を活用して、より深くゴルフの魅力を感じていただければ、プロゴルファーとしてこれ以上の幸せはありません。

樋口健太郎

【ゴルフは考え方と基礎が9割】 ……………………………………………… 2

第1章
構えとグリップの基本 …………………………………………… 9

I 正しいアドレスの作り方「スタンス幅」と「前傾姿勢」 …………… 10

　　クラブを使って自分に適した正しい前傾姿勢を作る ……………… 12

2 正しいアライメントの取り方 ………………………………………… 14

3 あなたに適した握り方 ………………………………………………… 16

　　両手の距離感 …………………………………………………………… 18

4 アドレスの再現性を高めるプリショットルーティーン …………… 20

Column #01 アマチュアゴルファーが100%ゴルフを楽しむための心得 by ひくしょう … 22

第2章
スイング・ショットの基本 ……………………… 23

I ショートスイングで正しいインパクトを覚える ……………………… 24

　　タオルを使った練習でスイングの基礎を作る ……………………… 25

　　正しいテイクバックの見分け方
　　トップポジションでの「力の向き」を確認 ………………………… 26

　　正しい力の流れ（向き）を身につける練習法
　　クラブを正面に上げてから打つ ……………………………………… 28

2 3つの大きさのスイングで基礎を作る ……………………………… 30

3 ハーフスイング練習でスイングの基礎を作る ……………………… 34

4 鏡を見て行う最強の上達法　6Iでの動作確認 …………………… 38

5 とにかく振り抜く練習も欠かさずに！ ……………………………… 42

6 9割の人が勘違いしているバックスイングの捻転 ························· **44**

7 9割の人が勘違いしているダウンスイングの基本 ······················ **46**

　　　正しいダウンスイング ··· **48**

8 絶対にスウェイしない正しい体重移動を身につける
　　ヒールアップステップ打ち ·· **50**

　　　ヒールアップステップ打ちをするときの注意点 ····················· **52**

Column #02　ゴルフ場で嫌われてしまう NG 行動 3 選 ················· **54**

第3章
アプローチの基本 ····························· 55

1 アプローチの基本　3 種類のアプローチを学ぶ ··························· **56**

　　　ランニングアプローチ ··· **58**

　　　ピッチエンドラン ·· **62**

　　　ミスの出ない打ち方を覚えよう　ショートロブ ······················ **66**

2 チップインを狙うアプローチ　突っつき ································· **68**

3 フック回転でラインに乗せるアプローチ ································· **70**

4 知らなきゃ寄らないラフでの状況判断 ··································· **72**

　　　ボールが浮いている場合 ·· **73**

　　　ボールがやや沈んでいる場合 ··· **74**

　　　ボールが完全に埋まっている場合 ·· **76**

5 初心者〜上級者のレベル別　砲台グリーンのアプローチ ············· **78**

　　　100 切りを目指す人 ·· **79**

　　　90 切りを目指す人 ··· **80**

contents

80 切りを目指す人 ･････････････････････････ 81

Column #03　グッドゴルファーの条件！綺麗なピッチマークの直し方 ････････････ 82

第4章

アイアン

·· 83

1　すべてのアイアンの基本❶アイアンセットアップ術 ･･････････････････････ 84

2　すべてのアイアンの基本❷ボールに正しくミートするための「体の軸」について ･･････ 86

3　「軸」と「入射角」を安定させる徹底すべきアイアン練習法 ･････････････････ 92

4　狙えるショートアイアンを作る
　　「目線」の取り方を工夫して明確なアライメントとスイングイメージを持とう ･････ 94

5　体幹（軸）始動のスイングで効率良くヘッド（先端）を走らせよう ･･････････ 96

6　一生モノの練習法　片手打ち (左手) ･･･････････････････････････ 98

　　　片手打ち (右手) ･･･････････････････････････････････ 100

7　傾斜の打ち方 ････････････････････････････････････ 102

　　　1つま先下がり ･･････････････････････････････････ 102

　　　2つま先上がり ･･････････････････････････････････ 104

　　　3左足上がり ････････････････････････････････････ 105

　　　4左足下がり ････････････････････････････････････ 106

特別編　ユーティリティをマスターする ･･････････････････････････ 108

　　　UT を正しく扱うためのスイングイメージ ･･････････････････････ 110

　　　ウッドの場合 ･･････････････････････････････････････ 112

第5章

ドライバー 113

1 ドライバー 3つの基本　捻転・右手・最下点 114

   1捻転 114

   2右手 116

   3最下点 117

2 「打つ」ではなく「振る」　振り抜き癖をつける素振り 2種 118

3 ドライバーの「芯」に当てる重要性とコツ 120

4 アマチュアの大敵　スライスは構えで直る 124

5 1日5分で飛距離が格段にアップ 予備動作を抑えて出力する練習 128

6 ボールに線を描いて目標方向とクラブ軌道のイメージを可視化する 130

Column #04　意外と知らない人が多い 正しい目土の方法 132

第6章

パター 133

1 自分の特徴や癖にあったグリップ（握り方）を探そう 134

2 ショートパットが反則級に入るアームロックのススメ 136

3 ボールの線の方向を確定させてパッティングする方法 138

4 転がりのイメージが明確になる　ライン読みの正しい順序 140

5 ファーストパットの外し方で返しのラインは予測できる 142

6 狙いは「カップの横」ではなく「通過点」に!! 「ブレイクポイント」を見つけよう 144

7 ストロークの安定感が増す！ 練習法2ステップ 146

contents

8 1〜2m のパットは 43cm オーバーさせて打つ 148

Column #05 プレーヤーのジャマにならない立ち位置 150

第7章
バンカー 151

1 バンカーの基本は『フェースを閉じながら当てること』 152

　　バンカーショットの基本の流れ 154

2 短い距離のバンカーショットのコツ〜強く振っても飛ばない構えを覚えよう〜 156

3 目玉のバンカー　簡単に脱出する方法 2 選 158

Column #06 バンカーの正しいならし方 162

第8章
メンタル・マインド / マネジメント 163

1 OB を激減させるマネジメント術
フェアウェイの真ん中ではなく安全（無罰）エリアの真ん中を狙おう 164

2 ラウンド前日の練習は「確認と調整」が目的である 166

3 スコアを乱さないために【仮想ピン】を設定しよう 168

4 100 切りを目指すならまずは PW での寄せを習得しよう 170

5 ミスのあとほど、適切な判断を !!　林から脱出するときのポイント 172

著者紹介 174

第1章
構えとグリップの基本

関連動画はコチラ ▶

正しいアドレスの作り方 「スタンス幅」と「前傾姿勢」

ゴルフはアドレスで9割決まります。逆を言えば正しくない構えをした時点で、狙い通りにボールが飛ぶ確率はきわめて低くなるのです。正しいアドレスができているとテイクバックで自然と右脚で体重を逃がさずに受け止められる形になり、スムーズで効率の良いスイングに導いてくれます。しかし、正しいアドレスができていないと上手く重心をコントロールできないだけではなく、様々な弊害が発生し、「悪い動作を固めてしまう」という最も避けたい事態となってしまいます。

アドレスには、スタンス幅、前傾姿勢、アライメント（体の向き）という3つのチェックポイントがあります。スタンスの幅が正しくないと体がスムーズに動かないし、前傾姿勢が正しくないと間違ったスイング軌道になり、アライメントが正しくないとボールが狙った方向に飛んでくれません。アドレスは身長や手足の長さ、体格によっても変わるので、まずは自分に適したアドレスを作ることから始めましょう。

ジャンプして自分に合った正しいスタンス幅を作る

まず、高さ50cmくらいの段差に両足をそろえて立つ。そして足をそろえたままひざを曲げ、斜め上に向かってジャンプして、足を広げて着地する。これを5回くらい繰り返す。

⭕ GOOD 自分に適したスタンス幅

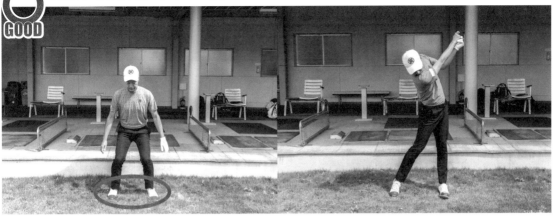

着地したときに、体のバランスがしっかり取れているかを繰り返し確認しよう。バランスが一番取れたときが、自分に適したスタンス幅だ。スイングが安定し、体の捻転もしやすい。

❌ BAD スタンス幅が広すぎる

スタンス幅が広すぎると下半身の動きに制御がかかってしまう。この状態でクラブを振ると下半身が動きづらいので、上半身優位の手打ちスイングになりやすい。

❌ BAD スタンス幅が狭すぎる

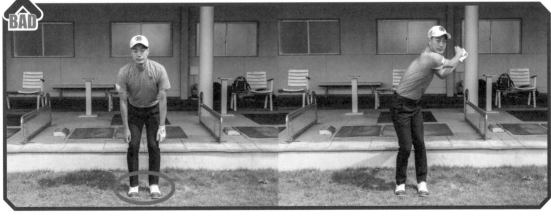

スタンスが狭すぎるとスイング中のバランスが取りづらく、大きな力を生むことは難しくなる。狭いスタンスにコンパクトなスイングで軸の意識を確立することはとても良い練習だが、飛距離を求めた途端、体が大きくブレやすくなるので注意が必要だ。

クラブを使って自分に適した
正しい前傾姿勢を作る

クラブを使うと、簡単に自分に適した正しい前傾姿勢を作ることができる。❶クラブを写真のように自分の前に置き、自分のスタンス幅で立つ。❷背筋をピンと伸ばしてつま先立ちをする。❸クラブを杖にして、お尻を突き出しながら上半身を前に倒す。

お尻が落ちて ひざが前に出る 間違った前傾姿勢

アマチュアのゴルファーに多いのが、ひざを曲げるときに一緒にお尻も落ちてしまった構えになること。この構えだと、骨盤も倒れず立ったままなので、荷重感覚も感じられないしパワーも生まれない。

このとき反り腰にならないように腹筋を締める意識を持つ

❹お尻の位置（高さ）を変えないことを意識しながらかかとを下ろし、軽くひざを曲げる。❺その姿勢を保ったままクラブを構えると、自分の体重を土踏まずで支えている荷重感覚がしっかりと感じられ、自分に適した正しい前傾姿勢になる。

関連動画はコチラ ▶

正しいアライメントの取り方

「アライメント」とは、「平行や整列」という意味で、ゴルフではアドレスをしたときの体の向きのことを言います。いくら正しいアドレスが作れたとしても、体が目標に対して正しい向きになっていなければ、狙った方向にボールを飛ばすことはできません。狙った方向にボールを飛ばすためには、スタンスの向き、ひざの向き、腰の向き、胸の向き、肩の向きのすべてが目標方向に向かって平行のラインになっていることが基本です。

しかし、ゴルフスイングはクラブを握るとき、右利きの人の場合は右手を下に、左手を上にして握るので、右肩や右腰が前に出やすくなり、知らない間にズレが生まれやすくなります。そういった自分では気づきにくいズレを修正するためには、アライメントスティックやクラブを使って、自分の体が目標に対して正しい方向を向いているのか、ボールの位置がずれていないかをチェックすることが大切です。正しいアライメントとボールの位置で繰り返しボールを打つことが、上達のための前提条件となります。

体の向きを下の線に合わせる

アライメントスティック（クラブでも可）を写真のように十字に置き、スティックの先にボールをセットする。スティックが自分のスタンス幅の中央にくるように構えたあと、つま先が線と平行になるようにそろえ、前傾姿勢を作る。そしてクラブを両肩のラインに当て、下のスティックの向きと平行になっているかを自分目線でチェックする。同じように、胸、腰、ひざもチェックする。自分以外の人に後方からチェックしてもらうと、よりわかりやすくなる。

クラブを持たずに前傾姿勢を取り、その姿勢を維持したままクラブを両肩に当てると、普段自分がどの方向を向いているのかがわかる。右肩を引いている場合はボールを右に押し出しやすく、右肩が出ている場合は左へのひっかけやスライスも出る。

アライメントスティックを使ったアイアンの正しい構え方

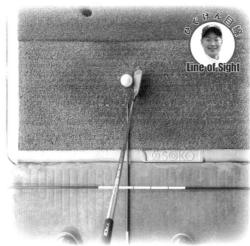

十字に置いたスティックとボールをそのままにして、アイアンを持ってアドレスしてみよう。アイアンの構えの基本は、グリップの先が左股関節内側を指す位置になる。そのポジションで構えるとひぐけん目線（左写真）のようにスティックとシャフトが交差した形になる。常にこのポジションを確認することで再現性が高く、軽いハンドファーストでの構えが可能になる。

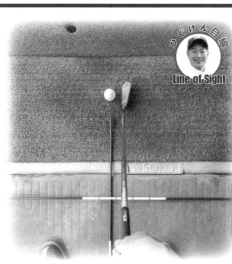

左写真のように、クラブのシャフトとスティックが交差しない場合は、ハンドレイト気味の状態になっているので、正確にボールをとらえることが難しくなる。

自分に合ったライ角のクラブを選ぶ

トゥが上がりすぎ

ライ角

トゥが下がりすぎ

ソールが地面に着いているとき、クラブのシャフトと地面との間にできる角度のことをライ角という。トゥ側（クラブの先端の部分）が上がり過ぎているとフェースが左を向くのでフックが出やすく、下がり過ぎていると右を向くのでスライスになりやすい。

関連動画はコチラ ▶

あなたに適した握り方

グリップでいちばん大切なことは、その人の体に応じた握りやすい形で握ることです。

すなわち、自分に合った握り方とは、その人の肩とひじの関節の方向、腕の長さやパワーなど、さまざまな要因によって決まるのです。自分の体の特徴に合った握り方をするには、まず左腕に力を入れずに左手を自然にダラリと伸ばした状態にします。そこからグリップを左手に収めた形が、肩とひじの関節も使える、一番握りやすい左手の形となるのです。

続いて右手の握り方は、体格やパワーの強弱、打ちたいボールのイメージに合わせて調整します。

オーソドックスな握り方は、右手の親指と人差し指で作るV字が右肩方向を指すものです。体格が大きい人やパワーがある人は、少し右手を上から握ることで、腕力に頼ったり、手首を過剰に使うことが避けられます。パワーがない人や女性は、少し右手を下から握ることでボールをつかまえる動作がしやすくなり飛距離を補うことができます。

❶クラブを右手に持ち、自分に合ったスタンス幅にしたあと、前傾姿勢を取りながら、左腕に力を入れずにダラリと前に落とす。❷その左手の向きを保ったまま、右手に持ったクラブのグリップを左手に収め、右手は一度外す。そのときの左手の位置が自分の腕や手首が自然に動かしやすいポジションとなる。

ウィークグリップ

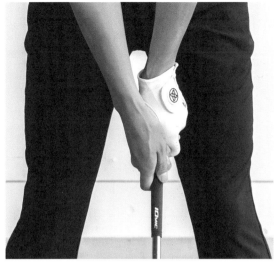

左手を浅めに（グローブのロゴがほぼ目標方向を向く）、右手を上から握る形がウィークグリップ。パワーがある人やボールを打ち出した方向から右に逃がすフェードヒッターに相性の良い握り方。

ストロンググリップ

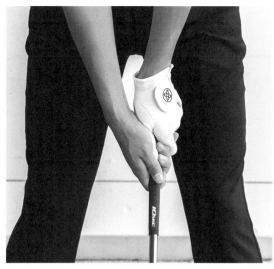

左手をかぶせ気味に（グローブのロゴが目標方向と体の正面の間を向く）、右手を下から握る形がストロンググリップ。パワーがない人やボールをインサイドからしっかりつかまえたい人におすすめ。右に打ち出してドローボールで攻めたい人に適した握り方。

❸横から添えるようにして右手を握る。❹このとき、右手の親指と人差し指で作るＶの字が、右肩を指すのがオーソドックスな握り方となる。鏡などで自分の握り方を確認しよう。

両手の距離感

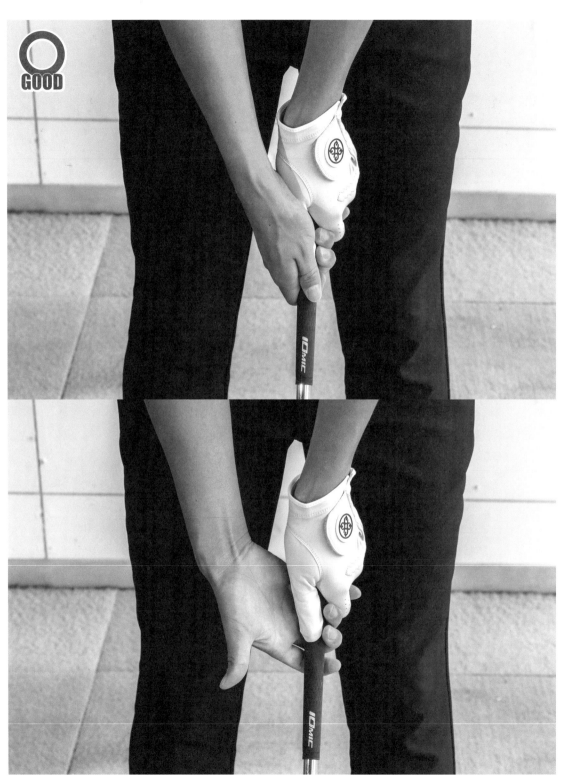

グリップで大切なもうひとつのポイントが、両手のグリップの距離感だ。グリップはクラブと体をつなぐ唯一の接点なので、グラグラしてもダメだし、ガチッと固まり過ぎるのも良くない。右手をほどいたとき、左手の親指が右手の親指のつけ根あたりにあると安定する。

左右の手の位置が近い

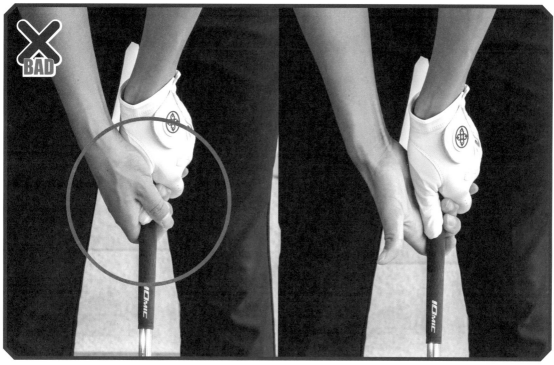

左手の親指が右手のV字からのぞいている。このような左右の手の位置が近すぎるグリップは、クラブの支点の幅が狭くなるので、クラブの動きをコントロールするのが難しくなる。するとフェースの向きも安定しなくなるので、球筋がバラついてしまう。

左右の手の位置が遠い

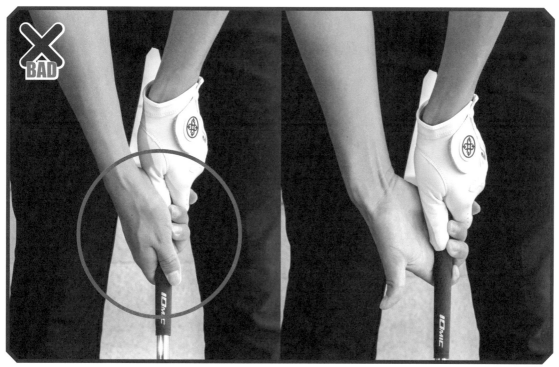

左手の親指が見えている。このような左右の手の位置が遠すぎるグリップは、クラブの動きを制御する力が強く働きすぎてしまう。そうすると「ヘッドの重さ・シャフトのしなり」などを活用できず、ゴルフクラブの特性を生かせなくなってしまう。

関連動画はコチラ▶

アドレスの再現性を高める
プリショットルーティーン

正しいアドレスを覚えたあとは「再現性高くその構えを作ること」、「その構えを作る過程で情報を整理し、気持ち良くスイングする準備をすること」が、良いショットにつなげるために必要となります。この打つ前の一連の動作と情報の整理がプリショットルーティーンです。このルーティーンを練習中に確認しておくことで、アドレスの再現性が高まるのはもちろんのこと、コースでの対応力も向上していきます。

ここまで、正しいスタンス幅、正しい前傾姿勢、正しいアライメント、正しいグリップなどについて学んできました。1章の最後では、それぞれを丁寧につなげて、スムーズにアドレスに入れるように、正しいルーティーンを完成させましょう。

練習場でも、同じスタンスで続けて打つのではなく、1球打つたびにこの動作を意識的に繰り返し行うことで、1球に対する集中力や目的意識を向上させ、より実戦向きの練習ができます。

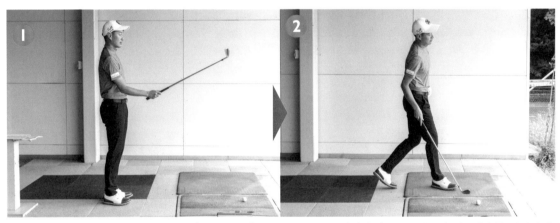

❶目標方向の後ろに立ち、ボールと目標を結ぶ線をイメージする。このときに、目標方向だけではなく、どちらの方向が NG か？ などの情報収集を行う。❷体を正面に向けたままクラブを持ち、目標方向の目印（スパット）となるものをボールの近くで見つけて、アドレスの位置に向かう。

❸胸を前に向けたまま、右手で持ったクラブのフェースをボールの近くにある目印（スパット）にセットする。❹ボールを中央か中央よりやや左よりにセットしながらスタンス幅を決め、左腕の力を抜いてダラリとたらし、左グリップの準備をする。

⑤腹筋に力を入れて前傾角度を保ちながら、フェースの向きを変えないように左グリップに持ち替える。⑥右手はいったん離し、力を抜いてリセットする。

⑦スタンスと左手の向きが定まったところに右手をグリップする。こうするとアライメントがズレにくい。⑧ボール近くの目標物から遠くの目標を結ぶ線を確認しながら、スタンスや肩のラインが目標に対して正しいアライメントが取れているかをチェックする。チェックするときに前傾角度が変わらないように注意しよう。

⑨土踏まずでしっかり重心を受け止めている感覚を得たら、ルーティーン(振り抜く準備)完了だ!

関連動画はコチラ ▶

アマチュアゴルファーが 100%ゴルフを 楽しむための心得

by ひぐしょう

1 人に優しく自分に厳しく

ゴルフが紳士のスポーツと言われる所以は、審判がいない自己申告制のスポーツだからです。自分に正直であることが求められます。しかし自分への厳しさを他人にも求めるのではなく、プライベートなゴルフではOKパットや、ローカルルールなども取り入れて、周りと一緒にゴルフを楽しむようにしましょう。

2 良いときも 悪いときも笑顔で

同伴プレーヤーで一番年上の人や、いつもは上手な人が、悪いスコアで不機嫌になると、楽しいはずのゴルフが気まずいものになってしまいます。悪いスコアのときほど、とっておきのジョーク、ギャグで周りを笑顔にしましょう。

3 進んで ピッチマークを直す

グリーンはコースの顔とも言える大切な場所です。その顔が傷だらけでは、ゴルフ場のイメージも悪くなりますし、プレーにも影響します。自分のつけたピッチマークでなくても、さりげなく直すことで、すがすがしい気持ちでラウンドを楽しめます。

P.82 コラム「ピッチマークの直し方」参照

第 2 章
スイング・ショットの基本

関連動画はコチラ ▶

ショートスイングで
正しいインパクトを覚える

ゴルフスイングの最大の目的はクラブの「芯」でボールをとらえることです。しかし、自分の視界から手が外れる「フルスイング」で「芯」をとらえ続けることは容易ではありません。そこで自分の視界の範囲内、コントロール下での「ショートスイング」練習で、「芯」に当てる感覚を養うことがとても重要になります。

ここでは正しくショートスイングの練習を行うコツを紹介します。

まず、通常のショットよりやや狭めのスタンス幅を意識し、左足7：右足3の左足体重で構えます。遠くに飛ばすのではなく、「正しくミートすること」が目的なので体重移動は行いません。ただしそのままだと手だけで打ってしまうので、タオルを両脇に挟んで落とさないように打ちます。こうすることによって体とクラブが一体となり、腕と体が同調した正しいショートスイングが可能になります。

手打ちスイング

腕主体の手打ちになってしまうと安定したボールコンタクトは難しい。

タオルを使った練習でスイングの基礎を作る

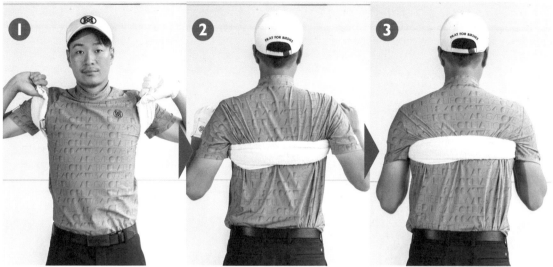

❶背中にタオルを回し、両脇で挟む。❷胸や脇が少しでも開いた状態だと背中のタオルが緩むので、❸両脇をしっかり締めてタオルがピンと張るようにする。このとき肩甲骨は少し広げるイメージだ。

両脇にタオルを挟んだまま、PW（ピッチングウェッジ）を持って正しいアドレスを取る。左足7：右足3の左足体重のまま、肩と腕の三角形が崩れない程度の、腰から腰の振り幅でショートスイングを行う。最初はボールを置かないで、体とクラブの一体感を得よう。背中のタオルの張りを保つイメージを持つことで、腕と体の同調を感じることができる。

正しいテイクバックの見分け方
トップポジションでの「力の向き」を確認

関連動画はコチラ▶

GOOD

✕ BAD

トップでの力の向きが左手の甲側に向く

テイクバックのときに、捻転の動作が先に入り、クラブを上げる動作があとになると、左手の甲側に力が向くためアウトサイドインの軌道になりやすい

トップでの力の向きが左手のひら側に向く

テイクバックのときに、捻転を焦らず腕を少し正面に上げる意識を優先することで、ダウンスイングで左手のひら側に力が向くため、「タメ」のあるややインサイドからのインパクトが可能になる

トップで左手のひら側に力が向いている

トップから切り返すときに左手のひら側に力が向いていると、ダウンスイングで手とクラブが真下に向かうので、クラブがインサイドから入る正しい軌道になる。

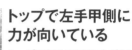

トップで左手甲側に力が向いている

トップで左手の甲側に力が向いていると、ダウンスイングで手とクラブが前に向かうので、クラブがアウトサイドから入る間違った軌道になる。

テイクバックで捻転の動作を先にすると、クラブが極端にインサイドに引かれてから上に上がるので、トップでは左手の甲側に力が入るミスにつながりやすいスイングとなる。

正しい力の流れ（向き）を身につける練習法
クラブを正面に上げてから打つ

❶正しいアドレスを取る。❷アドレスしたあと、前傾姿勢とクラブと手首の角度を保ったままクラブを自分の顔の前に上げる。❸そのまま体を右に捻転してトップの位置を作る。

右肩を止める意識を持つ

練習ドリルでインサイドからクラブが入るようになると、クラブをそのまま右に押し出してしまうプッシュアウトが起きやすくなる。その場合は、ダウンスイングからインパクトにかけて右肩を前に出さない意識を持つと、ヘッドが自然にターンしてボールがつかまるようになる。

ここでインサイドから下りてくるヘッドに対して、左ひざを伸ばしながら左お尻を後ろに引く動きを意識をすることで、ハンドファーストで効率の良いインパクトが作れる

❹トップの位置を作ったあと動作を止めず、流れでダウンスイングに入る。❺クラブは自然にインサイドから入る軌道になるので、腕が下りてくるタイミングに合わせて下半身を使うと自然なハンドファーストのインパクトになる。❻インサイドインの軌道を意識してクラブを振り抜く。

関連動画はコチラ ▶

3つの大きさの スイングで基礎を作る

ここで紹介する、ショートスイング、ハーフスイング、スリークォータースイングの練習法は、僕がジュニア時代にスイングの基礎を作るためにずっと行っていた練習法です。なぜこのような練習をするのかというと、フルショットの練習だけをしていては、ミスショットが出たとき、そのミスの原因がどこにあるのかすぐにはわからないからです。しかし、この3つのスイングを繰り返し行うと、フルスイングまでの体の動きやクラブの動きがそれぞれチェックできるので、ミスしたときにどこが悪かったのかがすぐにわかるのです。

使用クラブはPW。練習のポイントは、体の向きとボールの位置を正確に把握すること。構えの段階でズレがあっては正しいスイングができないので、アライメントスティック（またはクラブ）を足元に十字にセットして行います。

ショートスイング

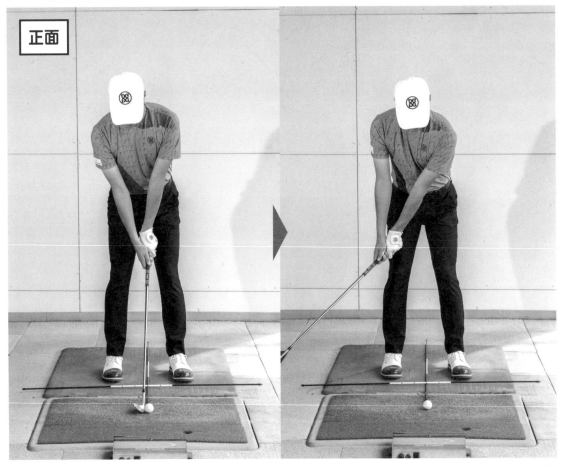

正面

アライメントスティックを見ながら、スタンス、腰、肩を平行にし、ボールをスタンスの中央にセットする。振り幅は手元の位置が8時〜4時。スイング中は手元が常に胸の前にあることを意識して、クラブを横に上げるのではなく、体を捻転しながら上に上げる。

ショートスイング

後ろ

OK

テイクバックでクラブのシャフトがアライメントスティックとほぼ平行になったとき、リーディングエッジの角度が自分の前傾姿勢の角度から地面と垂直の範囲内にあるかを繰り返し確認する。リーディングエッジが前傾角度よりも下を向いているとかぶり過ぎ、リーディングエッジが地面と垂直よりも上を向いていると開き過ぎなので注意しよう。

ハーフスイング

正面

後ろ

振り幅は手元の位置が9時から3時。クラブヘッドが視界から消えるので、ボールに当てるのが難しくなる。9時の位置では右ひじが軽くたたまれるのと同時に捻転は深くなる。左ひじが曲がるとスイングの再現性が低くなるので、伸ばしたままにする。

スリークォータースイング

正面

後ろ

腹筋に力を入れる

振り幅は手元の位置が10時〜2時。ハーフスイングから手で上げるのではなく、さらに捻転を加えることで手元を高くする。このとき上体が起き上がるとスイングの再現性が下がるので、腹筋を使って前傾角度をキープするように意識する。

関連動画はコチラ ▶

3 ハーフスイング練習で スイングの基礎を作る

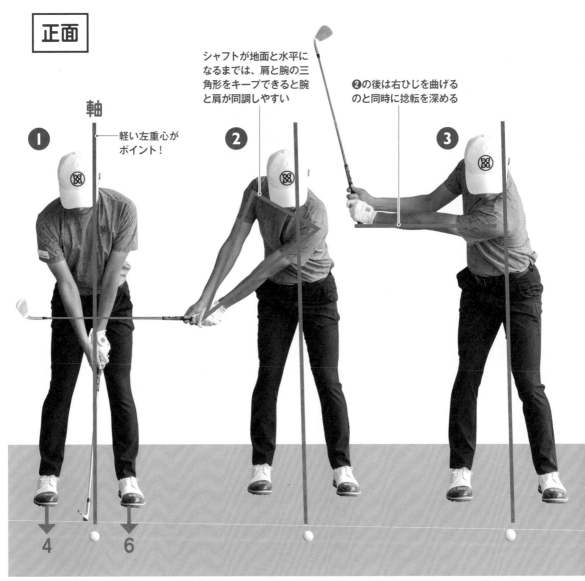

正面

軸

❶ 軽い左重心が ポイント！

シャフトが地面と水平に なるまでは、肩と腕の三 角形をキープできると腕 と肩が同調しやすい

❷

❷の後は右ひじを曲げる のと同時に捻転を深める

❸

4 6

PW（または9I）を持ち、構えはフルスイングと同じスタンス幅で、前傾姿勢を取る。ボールの位置はスタンスの中央。体重配分は左6：右4の左足体重。左足に体重を残すことで左寄りの軸を意識しやすくなり、軸を中心に回転することで左右のスウェイが起きにくくなる。

ハーフスイングにはスイングの押さえるべき基礎が詰まっており、通常のスイングよりも正しくミートしやすいため「当て感（勘）」を養うことができます。フルスイングより体力の消耗も少なく反復できるため、ぜひ練習しましょう。通常、スイングのどこかを変えようとすると、変えることによるデメリットが生じますが、ハーフスイングの練習に限っては、その基礎を積み重ねれば重ねるほど、実際のスイングもデメリットなしに向上します。つまり、ハーフスイング練習をすれば

するほどゴルフが上手くなるということです。プロでもこの練習をおろそかにする人はいません。もし、練習場で100球打つなら、50球はハーフスイング練習につぎ込んでほしいほど、重要度の高い練習となります。

　大切なことは「正しく行うこと」。反復しながら行う練習だからこそ、正しく行わないと意味がありません。ここで紹介する正しい構え、球の位置、体の重心、振り方、軸の位置などを意識しながら練習して、スイングの基礎を固めてください。

後ろ

アドレス時の前傾を
キープしよう！

胸と手の関係（距離）を
変えないイメージ！

「右ひじのたたみ」と「捻転」
のタイミングとバランスを
意識しよう

小さい振りでも手打ちにならないように注意しよう。そのためには、テイクバックで8時の位置までは肩と腕の三角形を崩さないようにボディーターンで上げ、そこから右ひじを軽く畳みながらさらに捻転を加え、左腕を伸ばしたまま9時の位置まで上げる。その後、手元の位置が3時になったところでフィニッシュしよう。

体のスウェイや左ひじの曲がりに注意

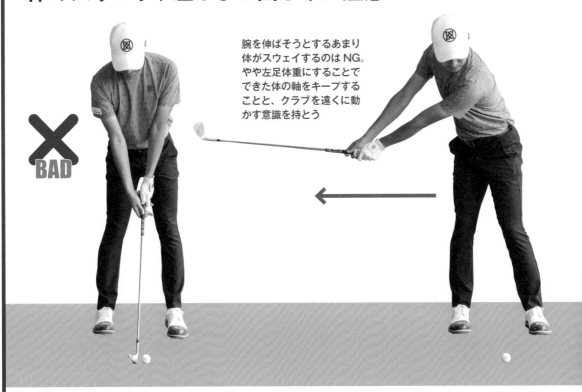

腕を伸ばそうとするあまり
体がスウェイするのはNG。
やや左足体重にすることで
できた体の軸をキープする
ことと、クラブを遠くに動
かす意識を持とう

ダウンスイングのリハーサルを2回して打つ

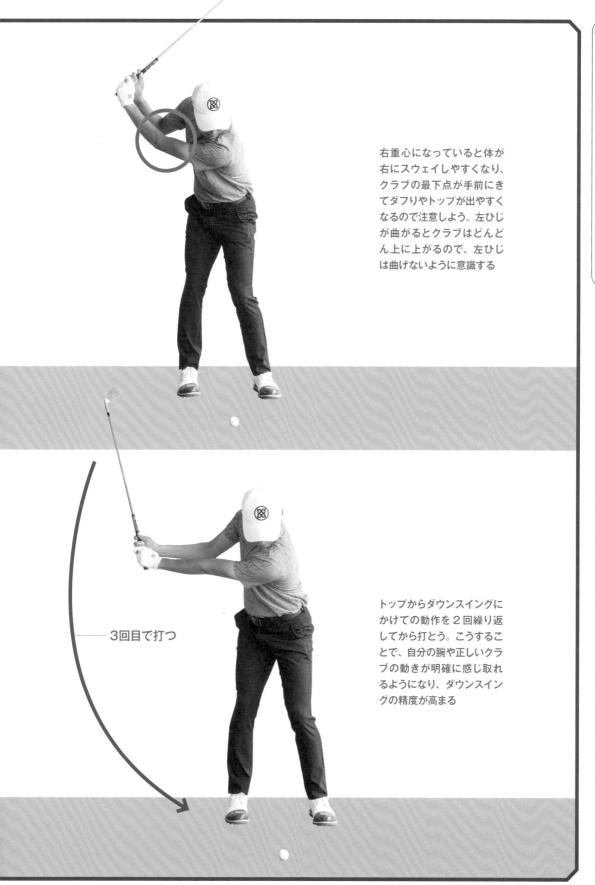

右重心になっていると体が右にスウェイしやすくなり、クラブの最下点が手前にきてダフリやトップが出やすくなるので注意しよう。左ひじが曲がるとクラブはどんどん上に上がるので、左ひじは曲げないように意識する

3回目で打つ

トップからダウンスイングにかけての動作を2回繰り返してから打とう。こうすることで、自分の腕や正しいクラブの動きが明確に感じ取れるようになり、ダウンスイングの精度が高まる

関連動画はコチラ ▶

鏡を見て行う最強の上達法
6I での動作確認

この素振りは、僕が茨城県にある宍戸ヒルズカントリークラブで研修生をしていたときに一生懸命に取り組んだ練習法です。当時なんとかしてプロテストに受かりたいと思っていた僕は、先輩である所属プロに相談したところ、"最も効果があるから"と強く勧められ、この練習法を実践しました。僕がプロテストに受かったのも、この練習法を毎日15分くらい続けたおかげだと今でも思っています。

鏡を使っていろいろな角度から自分のスイングを見ることで、自分の様々なスイングイメージが頭の中にインプットされます。

自分のスイングの一連の動作を、頭の中で様々な視点でイメージできるようになるまで、徹底して行うことが大切です。

ここでは、鏡を見ながらスイングするときの正しい動作と注意点を交えながら解説しますので、正しい動作を頭の中にインプットしてください。

クラブセッティングの真ん中のクラブとなる6I、7Iくらいを使うのが最も効果的

鏡を使っていろいろな角度から自分のスイングを見ると、自分がイメージしていた理想のスイングと実際のスイングとの違いに気づきやすい。ボールを打つ前に15分くらい、鏡の前で6Iを使って、トップやフィニッシュを作ったときの、手の位置、前傾角度、フェースの向きなどを細かく確認しよう。

鏡で正面からのスイングを見る

腹筋を使ったまま、しっかりと右脚で体重を受け止められている

腹筋が使えていないので、右脚で体重を受け止められていない

正面からトップの形を確認する。正しいトップのときの手元のポジションや姿勢（上写真）と比べて、手元の位置が上がり過ぎていないか、腹筋が使えず上体が起き上がって前傾姿勢が崩れていないか、体が左右にスウェイしていないかなどをチェックしよう。

鏡で後方からのスイングを見る❶

後方から、シャフトが地面と平行になったときのヘッドの向きを確認する。上写真のように、リーディングエッジの角度が自分の前傾姿勢の角度から地面と垂直の範囲内になっている（P.31 参照）。それと比べて、フェースが閉じすぎる（左下写真）とボールが左に出やすく、開きすぎる（右下写真）と右に出やすいのでチェックしよう。

鏡で後方からのスイングを見る❷

後方からのトップの形を確認する。正しいトップの形（左写真）と比べて、グリップの位置が高すぎたり前すぎたりしていないか、左腕がまっすぐ伸びているか、正しい前傾姿勢を保ったままで捻転ができているかなどをチェックしよう。

鏡で前方からのスイングを見る

前方からインパクト後の形を確認する。正しいインパクト後の形（左写真）と比べて、手元の位置が高すぎないか、前傾姿勢がキープできているか、左足が流れたり、引けたりせず、インパクト後もしっかり左ひざの位置がキープできているかなどをチェックしよう。

関連動画はコチラ ▶

とにかく振り抜く練習も欠かさずに!

ゴルフが上達するにしたがって、コースでドライバーをマン振りすることはなくなります。というのも、プロでもマン振りするとコントロールがきかなくなり、ミスが出やすくなるからです。

しかし、ゴルファーの多くはコースに行くと無意識に力が入り、ついマン振りしてしまうことがよくあります。そのため、力が入ってしまうとどんなスイングになるのか、どんな球筋になるのかを把握しておくことも、とても大切です。

それと同時に、飛距離アップのためには、自分のポテンシャルを最大限に発揮できる「振れる状態」を作る練習も欠かせません。

基礎練習に集中していると忘れがちですが、練習場では"とにかく力いっぱい振る"練習も必ず行いましょう。

自分の「振れる状態」を作るためには、重たいものを振ったあとに軽いものを振ることを繰り返すことがポイントだ。専用の器具がなければ、クラブを使っても良い。

重たいものを振る

重たいバットや素振り棒などを使い、左右交互に体重を乗せながら、体が引っ張られるようにゆっくり大きく振るのがポイントだ。10回×3セット繰り返す。筋肉が大きく伸び縮みすることで、振るための筋力が鍛えられる。アイアンを2本持って同じようにスイングしても良い。

軽いものを振る

先端に小さい重りがついた軽い素振り棒などを使い、手打ちになっても良いのでとにかく速いスピードで振る。スピードを出すことを脳に記憶させることがポイントだ。10回×3セット繰り返す。アイアンを逆さにして、ヘッド側を持って同じようにスイングしても良い。

ドライバーでとにかく力いっぱい打つ

ボールが左右にブレるのはOKなので、腹筋に力を入れて本気で振ること。そのとき、左右どちらにブレやすいかだけは把握しておこう。やり過ぎるとスイングがかたよったり、怪我にもつながるので、その日の練習の最後に10球程度行うのがポイントだ。

上半身の力だけで打たない

Check POINT

GOOD　BAD

力いっぱい振ろうと思うと上半身が伸び上がる（右写真）ことが多いので、腹筋に力を入れて軸がぶれないようにキープしよう（左写真）。上半身に力が入ると下半身が止まりやすい。下半身が止まらないようにインパクトでは右足で地面を蹴る意識も強く持とう。

43

関連動画はコチラ ▶

9割の人が勘違いしている
バックスイングの捻転

ゴルフのレッスン書やティーチングプロの記事などでは、「テイクバックでは下半身を動かさないようにして、上半身が苦しいと感じるほど捻じることでパワーが生まれる」、ということがよく書かれています。結論から言いますと、この捻転の考え方は間違いです。上半身をギリギリとトップまで捻じりあげると、今度はその捻転の苦しさを一気に解放しようとする力が働き、いわゆる

「間」のないスイングになるのでかえってパワーが生まれません。これが大きな落とし穴なのです。

プロなどのスイングをよく見てください。テイクバックでは下半身ごと体を回し、肩のほうがもう少し捻転しているくらいのトップになっています。そこから下半身が動くのですが、胸はまだ右を向いたまま。その「間」が捻転となってパワーが生み出される、ということを体感しましょう。

下半身を止めて一生懸命捻転をしている

ほどよく下半身も回っているため「捻転のゆとり」ができる

左写真は、下半身を動かさずに上半身だけを捻じった苦しいだけのトップ。右写真は、テイクバックで下半身も肩もほどよく回っているので、トップで「間」を取る余裕がある。

❶アドレスの状態から、テイクバックで❷下半身と上半身が回転しながら右ひざが軽く伸び、それに伴い右お尻も後方に動く。❸トップからの切り返しでは、胸が右を向いたままの状態で、左お尻から体が動くと同時に左足を踏み込むことで、捻転差を利用した大きなパワーが生まれる。

関連動画はコチラ ▶

9割の人が勘違いしている ダウンスイングの基本

前項では、正しい捻転を覚えると、トップからダウンスイングに向かうときに「間」ができることを簡単にお伝えしました。今回は、その「間」と、ダウンスイングでの体の動かし方について詳しく説明します。

効率的にスイングができず飛距離が出ない人の動きを見ると、トップからダウンスイングにかけて、左足を踏み込む前に体がターンしたり、手元が下ではなく前に動いてしまっているケースが多

いです。そうなるとスイングの「間」がなくなり、クラブと体が同時に同じ方向に動いてしまい、クラブを効率的に扱うことはできません。

上手なアマチュアやプロの動きは、トップで胸が右を向き、切り返してダウンスイングを開始するまでに一瞬の「間」が生まれます。その一瞬の「間」で、手元を下方向に動かし、左足の踏み込みが行われるのです。この動きをマスターすることが上達の鍵となるので、しっかりと理解していきましょう。

❶のトップの位置から、上半身だけで打ちに行こうとすると「間」が作れず、❷右腰が残って右足に体重がかかる。

胸を右に向けたまま左足を踏み込む

❶トップの位置では、右腰と上半身を捻転し、胸はまだ右に向けたままの状態に。この状態をわずかの間キープし、❷先に左お尻を後ろに動かしながら左足を踏み込むのがダウンスイングのポイントだ。

❸上半身も下半身もクラブと同じ方向に動いてしまうと、振り遅れの原因にもなり、パワーも生まれない。❹右に体重が残ったまま、右肩が落ちるとクラブが手前の地面を叩いてしまう。逆に手元が浮くと、トップやチョロなどのミスにつながる。

正しいダウンスイング

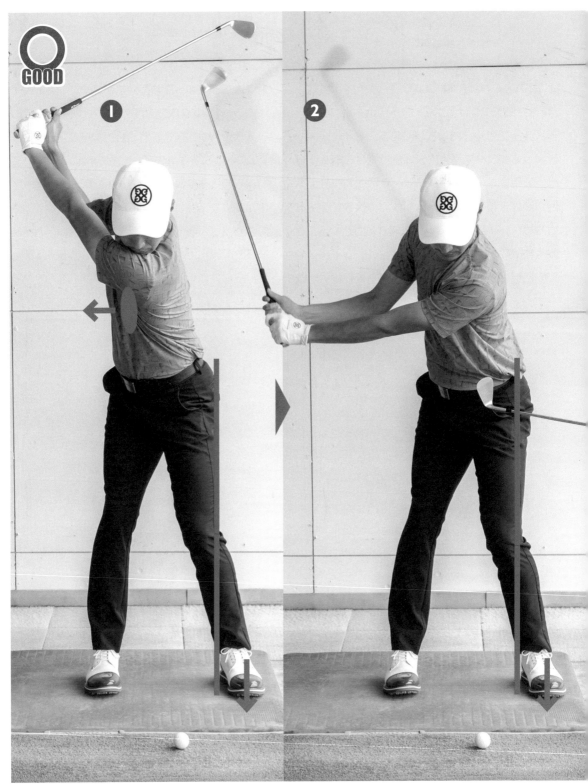

❶トップの形になったとき、胸は右を向いているが、トップからダウンスイングに入る切り返しのとき、左足を踏み込む動きも起きている。❷まだ胸は右方向を向いた状態が続いているが、左お尻は後方に回転を始め、左ひざも徐々に伸び、腰の回転が始まる。

③

④

軸

地面を「踏む（押す）」
ことで下から上への力
がはたらく。それにより
左腰も自然とターンする

❸❷の状態で上半身と下半身の捻転差により生まれたパワーをボールにぶつける。このとき「クラブを下ろしてくる力」と「左足で地面を押す力」の反作用によりヘッドが走る。❹インパクトでは、左足で地面をしっかり押して、軸を中心に体を回転させる意識を持とう。そうすることによって、左半身をしっかり使うことができて、自然とハンドファーストの形になる（後方からのダウンスイングの動きを確認したい場合は、関連動画をご覧ください）。

関連動画はコチラ ▶

8 絶対にスウェイしない 正しい体重移動を身につける

ヒールアップステップ打ち

左右の足のかかとを交互に上げて、体重移動の踏み込みを覚えるステップ打ちドリル。長いクラブだとテンポが合わせにくいので PW など短いクラブで行う。まず、❶通常のアドレスに構える。このアドレスのまま、❷右足かかとだけ上げる。

レッスンをしているとき、「体重移動がなぜか上手くいかない、どのタイミングでどこに体重移動するのかがわからない」という声をよく耳にします。多くのアマチュアが「体重移動は左右にするものだ」という勘違いをしてしまっています。厳密にいうと、確かに左右の足で体重移動が行われているのですが、この体重移動の意識は体がスウェイしたり、上半身が右に突っ込んだりする悪い動きになり、ボールに正しくコンタクトしづらい動作の原因となってしまいます。

正しい体重移動を習得するには、左右の足それぞれで、正しいタイミングで下方向に踏み込むことを覚えなければなりません。そうすることで、左右への体重移動を意識したときよりも、より効率的にボールに力を伝えることができます。本項では、このような効率良くボールに力を伝えるための「上下の体重移動」を、ドリルを通じてわかりやすく解説します。このヒールアップステップ打ちドリルを実践して、皆さんも正しい体重移動を身につけましょう。

❸テイクバックからトップの過程で、右足かかとを下ろしながら、左足かかとを上げる。❹インパクトの直前に左足かかとを強く踏み込み、フィニッシュで右足かかとを上げる。イチ、ニ、サンや、上げる、踏む、踏む、など自分でリズムを刻むとスイングしやすくなる。

ヒールアップステップ打ちをするときの注意点

左かかとを上げたときに上体が
起き上がりやすいので注意！

上体が起き上がる

浅い前傾角度

テイクバックからトップの過程で、左足かかとを上げたとき、一緒に上体が起き上がり（上写真）、浅い前傾角度（下写真）になると体が左右にぶれやすくなり、上下の体重移動が使えなくなるので注意しよう。

GOOD

左足かかとを上げても
胸が下を向いたまま

正しい前傾角度

左右の足のどの踏み込み
のときも「前傾角度」を
一定に保つ意識を持とう。

ステップ打ちドリルのもうひとつ
の注意点が、左足の踏み込みのタ
イミング。インパクトと同時では
なく、インパクトの直前にしっか
りと左足を踏み込んでからインパ
クトを迎えることを確認しよう。

テイクバックからトップの過程では、胸が下を向いたままの正しい前傾角度をキープするように意識すること。すると軸が左右にブレ
ずに、上下の体重移動を身につけることができる。

関連動画はコチラ▶

ゴルフ場で嫌われてしまうNG行動3選

物に当たる

PGAのプロ選手でも、ミスショットをしたとき、クラブを地面に叩きつけたり、投げたりする人がいますが、周りから見ていて気持ちの良いものではありません。アマチュアの場合、ゴルフは仕事ではないので楽しむことが大前提です。たとえ調子が悪くても、不機嫌になって人やモノに当たったりせずに、グッと感情を抑えましょう。

スタートギリギリに到着する

後続の組がいるので、スタート時間は厳守しましょう。また、スタートギリギリに到着するのも、たとえ間に合ったとしても、同伴競技者に気をもませることになるので、くれぐれも気をつけてください。できれば1時間前を目安に到着し、ストレッチや朝食を楽しみ、身も心も余裕を持ってプレーに臨みましょう。その余裕だけで1日のゴルフがガラリと変わる可能性もあります。

不用意に大きな声を出す

自分の想像を上回るようなスーパーショットが繰り出せたときや、思わぬミスが出たとき、つい大声を出してしまうことがあると思います。みんなで盛り上がるのもひとつの楽しみ方ですが、周囲のプレーヤーには注意を払ってプレーしましょう。

第3章
アプローチの基本

アプローチの基本
3種類のアプローチを学ぶ

アプローチの技術がゴルフゲーム全体に与える影響は、想像する以上に大きいです。僕自身プロになる前は、アイアンでのパーオン率に課題を持っていました。しかし発想を変えて、「アイアンでグリーンオンしなくてもパーを拾えるように」と必死にアプローチの技術を磨きました。するとアイアンで乗らなくてもいいやと気楽に思えるようになりました。それが逆にアイアンショットの精度向上につながり、さらにゴルフ全体の流れも劇的にスムーズになりました。

この章では、何度も僕のゴルフをピンチから救ってくれたアプローチ技術を、より簡単にお伝えできればと思います。アプローチにはプロのような体格や身体能力は必要ありません。基本的な考え方とコツ、ある程度の練習を行えば、必ず寄せ上手になれます。そのためにまず覚えてほしいのが、ボールを転がすランニングアプローチ、上げて転がすピッチエンドラン、ボールをフワッと上げるショートロブの3種類です。詳しくは後で説明しますが、まずはこの3種類について覚えてください。

3種類のアプローチのボールのイメージ

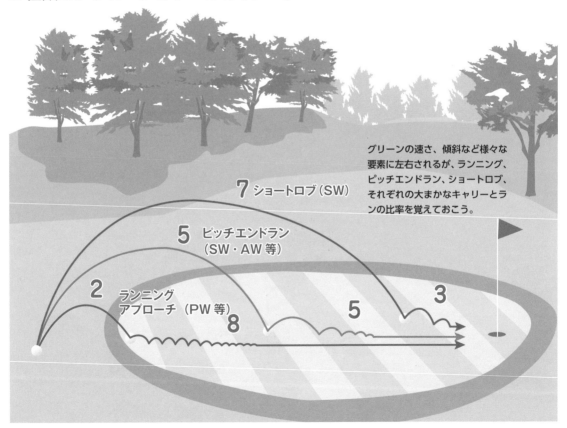

グリーンの速さ、傾斜など様々な要素に左右されるが、ランニング、ピッチエンドラン、ショートロブ、それぞれの大まかなキャリーとランの比率を覚えておこう。

7 ショートロブ（SW）

5 ピッチエンドラン
（SW・AW等）

2 ランニング
アプローチ（PW等）

8

5

3

ピンまで30Y地点のフェアウェイから、3種類のアプローチでピンに寄せるイメージの一例。ランニングアプローチはボールの転がる距離が長い。ピッチエンドランはボールを上げて転がすアプローチ、ショートロブはボールをフワッと上げてランを少なく抑えるアプローチだ。

ランニングアプローチ

フェアウェイやグリーン周りなどで、ピンまでラフや障害物がなく転がせる状態なら、最もリスクの低い最初の選択肢として習得しておきたいのがランニングアプローチだ。他のアプローチに比べて振り幅も小さいため当たりのミスは少なくなるし、トップをしても大ケガにならない賢者のアプローチ。

ピッチエンドラン

最もオーソドックスなアプローチ。ほどよいキャリー・ラン・スピン量で、ランニングアプローチよりも繊細に距離感のコントロールが可能になる。ランニングアプローチ同様に正しくミートすることが大切。距離によって番手や振り幅は変わるが、構えはほとんど変わらない。

ショートロブ

エッジからピンが近く手前が砲台など、キャリーを出してスピンで止めたいときの打ち方。「ロブ」と聞くと難易度が高そうに感じる人も多いかもしれないが、今回は最もやさしいショートロブの打ち方を紹介する。

関連動画は
コチラ▶

ランニングアプローチ

ランニングアプローチの最大のメリットは「リスクを最小限に抑えられること」だ。アプローチにおける最大のリスクはダフってボールがほぼ前に飛ばないチャックリや、グリーンを転がり出てしまうようなトップをすること。ロフトの立った番手で行うランニングアプローチは振り幅が小さく抑えられるため、正しくインパクトしやすいだけでなく、トップをしたとしても寄ってくれる可能性がある。スコアをまとめるためにはまず習得しておきたいアプローチだ。基本的にはPWを使用することが多いが、8Iや9Iで転がすこともある。

打つ前に気をつけること

ランニングアプローチでは、どの番手でどの位置に落としたらちょうど良いかを確認し、イメージすることが重要だ。それを繰り返すことでファーストバウンドの跳ね方、番手ごとの転がり具合をより正確に把握できる。なお、低いボールで転がしていくため、砲台グリーンのアプローチで寄せるには不向きな打ち方なので、注意しよう。

超重要! 構え方の基本

拳1個分くらいの狭いスタンス幅で、つま先をそろえる。体重移動はしない。ボールが低く出やすいようにボールは真ん中より少し右足寄りにセットする。

ボールと左肩・手・ヘッドが一直線になるように構える。一直線にすることで肩からヘッドまでの距離がそれ以上伸びることはないので、体が上下動しない限りダフることはなくなる。その状態で左足重心をキープして打つことで毎回良い当たりを出すことができる。

ランニングアプローチ

体重配分は左足8:右足2の左足体重のハンドファーストに構え、グリップは手元がグラつかないように少し強めに握る。左肩、手、ヘッドを一直線にして肩と腕で作る三角形を維持したまま、手元をひざあたりまでの小さいテイクバックに収める。より固定して機械的にインパクトを迎えるために、少しハンドアップに構えるのもあり。そうすることで、手首やひじの余計な動作を抑えることができる。

手元を高く構えることで、手首の余計な動作を抑えることができる

後方から見ても、肩、手、クラブヘッドが一直線になるように構える。手元を少し高くしてクラブを少し吊るすようなイメージで持つと構えやすい。こうすることで、ひじや手首がロックされるのでスイングがブレにくくなる。

スイング中はひじ・手首をこねる動作を最小限に抑える。左足体重のまま、手首やひじをロックして、肩と腕の三角形を崩さないことを意識しながら、ひざからひざの小さい動作でクラブを上げて下ろす。

手元が低いとコックを過剰に使ってしまったり、クラブの開閉運動が大きくなりがちで、機械的に転がしていきたいときには不向きな構えとなる。

ピッチエンドラン

関連動画は
コチラ▶

ピッチエンドランは最も使用頻度の高いアプローチで、キャリーとランのバランスの取れたアプローチの基本となる打ち方だ。58°（SW）や52°（AW）などのウェッジの性能をフルに生かして再現性高く打つことがポイントとなる。「毎回同じ音・インパクト」を繰り返すための構え方と打ち方を紹介しよう。

超重要! 構え方の基本

拳1個分くらいの狭いスタンス幅で、つま先をそろえる。体重移動はしない。ボールを真ん中にセットする。

かかとを軸に、両足のつま先を約30度左方向にピボット（回転）させる。体重配分は左足7：右足3。

ピボットしたことで自然とハンドファーストの構えができる。この角度をキープすることがとても重要！

ピボットしたことでおへそが少し目標方向を向く。それにより手元が少し前に出た自然なハンドファーストの構えとなる。

ピッチエンドラン

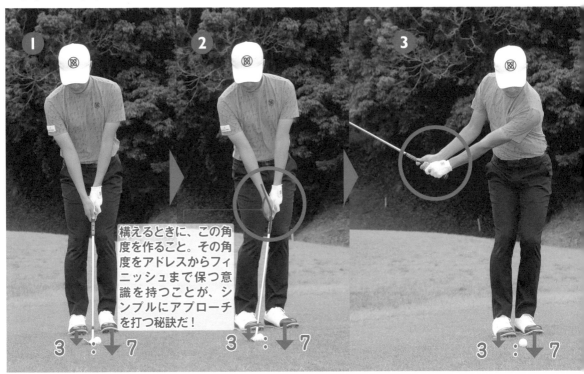

構えるときに、この角度を作ること。その角度をアドレスからフィニッシュまで保つ意識を持つことが、シンプルにアプローチを打つ秘訣だ!

❶拳1個分のスタンス幅でつま先をそろえてアドレス。❷かかとを軸につま先だけ約30度ピボットさせると、おへそが目標方向を向き、自然とハンドファーストの形になる。このとき右腕とシャフトで作られる右手首の角度を確認し、❸角度を保ったままテイクバックする。

テイクバックで右手首が写真のように伸びるとダフったり、反対にコックが強くなる(右手首がさらに甲側に折れてしまう)とインパクトが強くなって飛びすぎたりするミスになるので注意しよう。

フィニッシュでもこの角度をキープできていれば正しく打てている証拠

❹スイング中は右手首の角度をキープする意識を持つことでヘッドの入射角が一定となり、自然とソールが芝を滑ってボールを拾ってくれる。❺上から下の力でしっかりインパクトして、ヘッドが右手を追い越さないイメージで低くフィニッシュしよう。

フォロースルーで最初の角度を保てていない場合は、「ボールを上げよう」という意識が先行してすくい打ちになっている可能性が高い。「ボールは自分で上げるのではない！クラブが上げてくれる！」と肝に銘じよう。

関連動画は
コチラ▶

ミスの出ない打ち方を覚えよう
ショートロブ

「ロブ」というワードを耳にすると、「上級者向け」「ミスをすると大変なことになる」というようなネガティブなイメージを持っている人が多いのではないでしょうか。しかし、正しい構え方と打ち方を知れば、「ロブ」はギャンブルではなく、寄せるための確かな引き出しになります。ぜひ「ミスの出ないショートロブ」を習得して、アプローチのバリエーションを増やしてください。

フワッと上げてキュキュッと止められると、グリーン周りが格段に楽しく、イマジネーションを掻き立てられる場所になるはずです。

ショートロブは 60°、58°、SW などのクラブを使い、エッジからピンまでの距離が短く、ボールを止めたいときや、強いスピンを入れたいときなどに使う。クラブのフェースを開いてグリップを握り、ボールに向かってヘッド、シャフト、左手、左肩を一直線にセットする。

通常のスタンス幅で、ボールの位置はスタンスの真ん中より少し左側に置き、インサイドインに振り抜きやすいようにオープンスタンスに構える。ボールはピッチエンドランより高く上がり、スピンも効く。重要なのはアウトサイドインではなく、インサイドインのクラブ軌道で振ること。その結果、「抜いて打つロブ」ではなく「フェースに乗るロブ」になる。そのため距離感もつかみやすく、強烈なスピンが効く。

❶ コック ❷ コックを使い過ぎず、ヘッドを遠くに動かす。その結果、低く長いインパクトゾーンを作れるためミスが出づらいロブになる

イチ♫

❶アドレス時はフェースを開き、左足7：右足3の左足体重に構える。❷左肩を軸にしてスイングリズムはテンポ良くゆっくり大きく振る。速く振るとヘッドが遅れて入るので、ボールに届かない、頭を叩く、トップなどのミスが出てしまう。

ニ♫

クラブが低い位置から入り、低い位置に抜けていくことで、インパクトゾーンが長くなり、安定したショートロブが打てる

インパクトで再度、左手・シャフト・ヘッドが一直線になるスイングリズムを素振りの段階で作ることが極めて重要

サン♫

❸左肩を軸にしてヘッド、シャフト、左手、左肩が一直線になるようにインパクトを迎える。このとき、左足体重をしっかりキープし、体が上下動しないように意識しながらソールで芝を擦るようにイメージする。❹クラブの軌道はインサイドインで大きく振り抜く。

関連動画は
コチラ▶

チップインを狙うアプローチ
突っつき

短い距離のアプローチで、確実に寄せたい、なんなら入れにいきたいときに活躍するのが「突っつき」アプローチです。おすすめの番手は58°。

先ほどまでのインパクトゾーンが長く、芝の上を擦らせてサラッと打つ打ち方とは違い、ボールに対して直接カツッと突っつくような打ち方です。ボールに直接コンタクトするため、より繊細に方向性や距離感、スピン量をコントロールすることができます。

突っつきのアプローチは、クラブヘッドをボールに直接当てるので芝の薄いライや、バンカー付近の砂まじりの芝などの悪いライからでも対応でき、転がってスピンが効くボールになるのが特徴だ。基本的に、58°などのロフトが寝たクラブを使用して打つ。狙い目は、ボールの赤道と最下点の中間あたりだ。

—— ここにリーディングエッジを
入れるイメージ

❶両足のつま先を、かかとを軸に左に少し回転させて左足体重に構え、ボールの位置が右足つま先の前にくるようにセットする。するとハンドファーストの形が自然とできる。❷右腕とシャフトの角度をキープしながら少し速めのテンポでテイクバックをし、❸ヘッドの重さを感じ取れるくらい柔らかくグリップを握ることを意識して、ダウンスイングに入る。

この角度が少し深くなることで低めのスピンの効いたボールを打つことができる

インパクトでは、左写真のようにハンドファーストになることでクラブヘッドが上から入り、ボールに直接ぶつけることができる。ハンドファーストが右写真のようにほどけるとクラブヘッドが下から入るのでボールが上がり、芝も噛むのでスピンもかからない。

❹「少し速めのテンポ＋柔らかめのグリップ」によりヘッドがやや遅れ、強めのハンドファーストの形でインパクトを迎えることができる。❺するとハンドファーストでロフトが立ったままインパクトを迎えるので、ハーフトップのような当たりで低いボールになって適度にスピンがかかりながら転がる。

関連動画はコチラ▶

3 フック回転でラインに乗せるアプローチ

　このアプローチは先ほどの突っつきアプローチをより簡単に改良した打ち方になります。構え方の工夫とほんの少しの動きのイメージを加えることで、簡単に「突っつき」に近い、ラインに乗せるアプローチを打つことができます。ぜひお試しください。

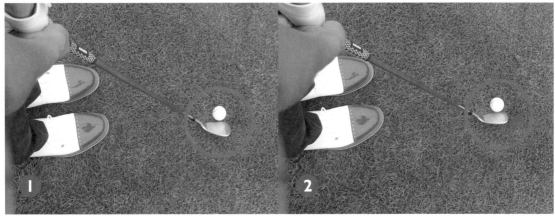

❶ヘッドのかなりトゥ側にボールをセットする。ボールは右つま先の前に置いて、構えの段階でハンドファーストの形を作る。❷ヘッドのトゥ側を1cmほど左に動かしてフェースを閉じ、閉じたことでフェースが左に向いた分、スタンスを右に向けるとアドレスは完成。

打つ前に気をつけること

　この構えをすることで自動的にややインサイドからヘッドが入り、ボールにフック回転がかかってくれる。そのとき、左腕はローテーションをさせないように。グローブのロゴの向きを変えないイメージを持つことがポイントだ。

ボールをクラブヘッドのトゥ側に置くことでクラブがインサイドから入りやすくなる。スイング中は、右腕とシャフトで作る右手首の角度をキープする。

左右の回転を確定させることでアプローチは格段にラインに乗りやすくなる。クラブをかぶせ、自然とインサイドからヘッドが入る構えを取ることでフック回転のボールを確定させる。

ハンドファーストを維持したまま、左手のグローブのロゴの向きが変わらないように直線的に打つと、低いボールでフック回転のボールになり、寄せにいくラインが出せる。トップしても振り幅が小さいので大きなミスになりづらいのもこの打ち方のメリット。

関連動画はコチラ ▶

知らなきゃ寄らない
4 ラフでの状況判断

グリーン周りのアプローチは、花道のフェアウェイを除き、ラフから打たなくてはいけない状況になることが多々あります。そのラフも、浅いラフもあれば深いラフもあり、さらにボールがラフに浮いているのか、またはボールがまったく見えないくらい深いラフに沈んでいるのか、ライの状況も様々です。その状況に対して正しい判断をしましょう。正しいイメージ作りと打ち方を知らなければ、たまたま上手く打てたとしてもピンに

寄る確率はかなり低くなります。

例えば、ラフに浮いているボールを上手く打つとスピンが効いて止まりますが、半分ラフに沈んでいる場合は、同じように打つと大きくオーバーしてしまいます。これは、打つときにフェースとボールの間に芝が挟まることでスピンが効かなくなるからです。そういったライの状況を踏まえて、正しい判断と正しい打ち方を学びましょう。

ボールのライを確認する

「良いライ」
「そこそこのライ」
「悪いライ」

❶まずボールがラフに浮いているのか沈んでいるのかなど、ライの状況を確認する。❷ヘッドを芝に置いて、ボールと地面の間にどれくらいの空間があるのかを把握する。❸ボールの手前で実際に素振りをして、芝の抵抗がどのくらいなのかを確認する。

ボールが浮いている場合

❶ボールがラフに浮いている場合は、ボールと地面との間に何 cm の空間があるのかをまず確認する。❷例えば空間が 2cm あった場合は、その 2cm の空間にフェースが入っていきさえすれば、ある程度のクオリティのアプローチができると判断する。

ニーアクション（ひざをインパクトからフォロースルーにかけて平行移動させる）のイメージを加えることで、長いインパクトゾーンでボールをさらっていける

❸ 2cm の空間がある場合、フェースがボールの下をくぐり達磨落としの状況になってボールが飛ばないミスも起こるので、左足体重でフェースは開かないで打つ。❹ボールの飛びが安定する長いインパクトゾーンが作れるように、ひざを移動させながらスイングする。

ボールがやや沈んでいる場合

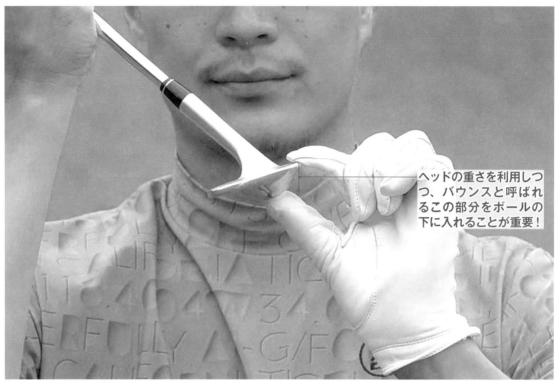

ヘッドの重さを利用しつつ、バウンスと呼ばれるこの部分をボールの下に入れることが重要！

ややボールが沈んでいる状態というのは、ボールと地面の間にまだ少し空間がある。その場合はヘッドの重さを生かすこと、バウンスを使うことでリーディングエッジが刺さることなくヘッドがボールを拾ってくれる。

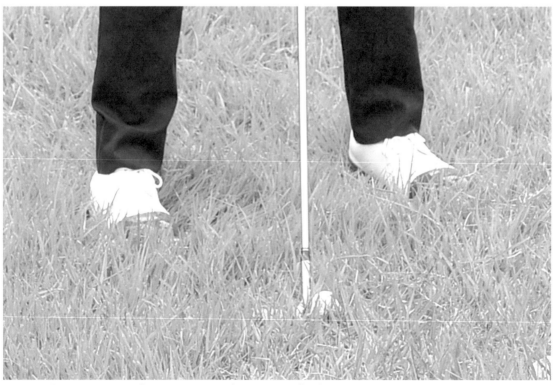

このライの状況では、フェースとボールの間に多くの芝が挟まるため、スピンがかからないことを念頭に置いてキャリーとランのイメージを出そう。この場合、普段通りに打つとスピンが効かずにランが出過ぎるので、飛距離を抑えるためにフェースを開く。

❶芝の根元にクラブが入ると芝の抵抗に負けて緩みによるミスが出てしまうので、少しバンカーショットに近い感覚でバウンスをボールの下に落としていくイメージを持つ。❷フェースを開くことで芝の抵抗も少なくなり、ボールも高く上がるので飛距離は落ちるが、スピンがかからない分、ランが出やすい。

❸ボールの下にクラブを正確に入れるために、絶対にスイングが速くならないように注意し、ヘッドの重さを感じながらゆっくり振る。❹速く振ると手元が先行し、ヘッドがボールに届かない状態になってしまい、正しくボールに当てることができなくなるので注意しよう。

ボールが完全に埋まっている場合

完全に埋まってしまっている場合は「いかに緩まずにインパクトをして、前ではなく上に飛ばすか」が重要。そのための特殊ではありますが、やってみると意外に簡単な打ち方を紹介します。

強く振っても前ではなく上に飛ぶ構えをしているので、絶対に緩まないよう多めにコックをしてヘッドの運動量を増やす

① しっかり振っても飛ばない状況を作るためにフェースが真上を向くくらいに開く。

② 芝の抵抗に負けないように、オープンスタンスでクラブは短く持つ。

③ コックを解かずに鋭角に振り下ろしボールの下にヘッドを入れる。

ボールの位置はスタンスの真ん中

4 しっかりとボールの根元に「圧」を加えたら、そこでスイングを終えるイメージ。

5 インパクト直後にヘッドを引き戻すことで「ラフがネックに絡まって左に飛ぶミス」を回避する。

関連動画はコチラ ▶

初心者〜上級者のレベル別
砲台グリーンのアプローチ

アプローチショットにおいて砲台グリーンは、ミスを誘発するロケーションの代表格と言えます。ラウンドレッスンでも、目の前の土手が高いため、打つときに顔が上がってしまって手前でざっくりしてボールが飛ばなかったり、体が起き上がってカツン！ とトップしてピン奥のラフまで飛んでいってしまったりするミスをよく見かけます。

そんなミスが起きがちな砲台グリーンでのアプローチは、初心者と上級者ではやるべきことがまったく異なります。ここではレベルごとに、何を警戒してどう打つべきなのかをレッスンします。ぜひ自分のレベルにあった打ち方と考え方を覚えてコースで試してみてください。ロケーションによって誘発される無駄なミス、スコアのロスは間違いなく減るはずです。

また、砲台が強いグリーンでは、ボールが着弾するときに地面に対する角度が浅くなるので、ランが強く出やすくなります。そこで初心者でも上級者でも、球が高く上がりやすい SW を使用しましょう。

砲台グリーンとは、フェアウェイより高く盛り上がっているグリーン。グリーン周りのアプローチは、砲台が高くなるほど傾斜に対する対応だけでなく、視覚的情報からくる誤動作にもつながるため難易度が高くなる。

100切りを目指す人

体重は左足8：右足2の強めの左足体重に構える。ボールの位置は左足つま先前。絶対にすくい上げない構えを作る。

❶ ピンではなく自分の目線の高さより低い位置に目標を設定する

❷ **❸**

目線が低い

低いフォローに収める

❶目線を自分の目の高さ以上には上げないように注意する。❷スタンスもスクエア、クラブのフェースも開かずSWのロフト通りに構える。❸左足体重のままフォローを低く収める。

✕ BAD

❶砲台グリーンのピンを意識して目線を高くすると、球を上げようとする気持ちが無意識に働く。❷すると右足に体重が乗り、体全体が右に傾いたアドレスになる。❸その結果、体が起き上がってすくい打ちになり、ダフリやトップのミスが出てしまう。アプローチが上手いゴルファーほど、左足上がりや砲台のときのフォローやフィニッシュはコンパクトに収まる。

90切りを目指す人

このレベルになると、このような状況からでも、たまには寄せワンで上がりたい。その場合はフェースを開いてボールを上げて寄せよう。とにかく重要なことは「球を上げるのは自分ではなくクラブ」ということを何度も自分に言い聞かせて実践し、クラブを信じて打てるようになることだ。

フェースは目標方向よりやや右を向くが、ロフトの大きいウェッジの場合はその影響を受けづらい。そのため、ボールはほぼ右に飛び出すことはないので、スタンスは目標方向に向かってスクエアに構えてOK

左足体重で、ボールの位置はやや左寄り、スタンスも体の向きも目標方向に向かってスクエアに構える。顔を上げないように意識して、大きい振り幅で芝を擦るように振る。

80切りを目指す人

このレベルの人はなんとしても寄せワンで上がりたい。❶まずフェースを開き、少しオープンに構える。❷テイクバックはインサイドに上げ、❸フェースローテーションで球をつかまえると縦の距離感が出しやすくなり、柔らかいフワリとした球でピン側に寄せることができる。

カット軌道だと球は上がるが縦距離を
合わせるのがとても難しい！

アマチュアでよく見かける打ち方が、❶スタンスをオープンにして、❷アウトサイドに上げて、❸インサイドに抜いていく、アウトサイドインのスイング。この振り方だと球は上がるが、距離感が出しにくいのでピンに寄せることは難しくなる。

関連動画はコチラ ▶

グッドゴルファーの条件！
綺麗なピッチマークの直し方

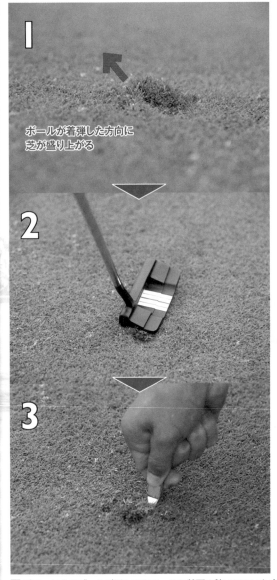

1

ボールが着弾した方向に
芝が盛り上がる

2

3

4

5

✕ BAD

1 グリーン上にボールが飛んできて、その落下の勢いでついた穴がピッチマークだ。2 ピッチマークはボールの進行方向側が盛り上がっているので、まずその盛り上がった部分をクラブヘッドでトントンと軽く叩いて直す。3 そして、手前の穴の近くにグリーンフォークを鋭角に立てて、芝を穴に寄せるようにしてふさいでいく。4 ふさがった穴を最後にクラブヘッドで軽く叩いて、5 平らにならす。✕の写真のように、グリーンフォークを穴の外側から斜めに差し込んで芝を持ち上げると、根が切れてしまうのでNGだ。

第4章

アイアン

関連動画はコチラ▶

すべてのアイアンの基本❶
アイアンセットアップ術

コースに出るとアイアンがなかなか気持ち良く当たらない、という声をよく耳にします。なぜなら、アイアンはごまかしがきかないクラブだからです。例えば、ドライバーはいつも平らな場所からティーアップして打てるし、アプローチは振り幅が小さく、体重移動も少ないのである程度ボールにミートすることができます。ところがアイアンは、アンジュレーション（地面の起伏）がある場所からスイングをするので、上から下へ軽いダ

ウンブローにクラブを下ろして、ボールにしっかりミートしなければ様々なミスにつながってしまいます。コースで正しくボールをミートするには、「正しいセットアップの仕方」を身につけることが必須です。ここでは、ヘッドを少し浮かせた構え（「クラブを持ちあげる力」と「クラブの重さ」のバランスの取れている状態）と、ヘッドを地面に置いた構え（地面に対して下方向への力である「圧」がかかっている状態）の違いを説明します。

地面に対して「圧」のある構え

圧が優勢になるとヘッドが地面を擦りながら動く、軸のズレた始動となる

圧がわずかでもあるとテイクバックでスウェイしてしまう

軸が取れていない位置からボールを打ちに行くので様々なエラーが起こる

アマチュアに多い、アドレス時点でクラブヘッドで地面に圧力を加えている構え。このような構えをしてしまうと、クラブの重力＋地面に置いている力が合わさり、力が下向きにかかる。すると、❶テイクバックで地面を擦るようにクラブは動き、❷体も右にスウェイして、❸下から上にあおるような打ち方になり、ミスが出てしまう。

ヘッドを少し浮かせて構える（クラブの重さを感じた構え）

GOOD

クラブの重さを感じながら、ボールの最下点と赤道の中間あたりにヘッドを浮かせて構える

1 下に圧がかかっていないため軸を保ったテイクバックができる

2

3 セットアップでヘッドを少し浮かせたことで、「ヘッドをボールに届かせる意識」の中でインパクトを迎えられる。それによって自然と軽いダウンブローの軌道となる

クラブの重さを感じながら、ボールの最下点と赤道の中間あたりにヘッドを浮かせて構える。❶ヘッドを浮かせているのでクラブをスムーズに上げられ、❷下向きに力が働いていないので体もスウェイせず、❸上から下へダウンブローにボールをヒットできる。

左手の小指、薬指、中指でグリップをしっかりと握り、ヘッドを浮かせてクラブの重量を感じ取りながらアドレスする。練習するときは、大振りしないよう 9I、PW など短めのクラブを使用する。

関連動画はコチラ▶

すべてのアイアンの基本❷
ボールに正しくミートするための「体の軸」について

❶ 足を閉じているため、絶対にスウェイできない！

❷ やや左足体重に構えることで、体の軸を感じることができる‼

❸ アドレス時も、体の軸を意識しよう

4　6　　4　6　　4　6

❶両足を閉じた状態で、左足6：右足4の左足体重に構える。その状態で左足体重を感じながら2～3回素振りしたあと、❷その左足体重にしたときの軸を意識してスタンスを取る。❸その軸をキープしたままアドレスする。

前項のアイアンセットアップ術でも簡単に説明しましたが、アマチュアの多くがコースでアイアンを上手く打てない理由のひとつは、コースには様々なアンジュレーション（地面の起伏）があるからです。それによって、体の軸が傾いてしまい、ダフリやトップなどのミスショットに直結してしまいます。アイアンショットを正確にミートするには、「自分の軸を見つけること」と、「その軸を保つこと」が必要不可欠です。様々なアンジュレーションに対応していくための軸を見つける下準備と、スイング中にその軸を保つために必要な意識について説明します。

④ 地面に圧力をかけずに構えることと、体の軸を保つことをお忘れなく！

⑤

⑥ 軸が傾いたり左右にズレたりせずにフィニッシュに収まる

右足の内側半分で体重を受け止める意識を持てば軸を保てる！

④①〜③で得た「軸」の意識に加え、地面にクラブの「圧」をかけないことで、体の軸が安定したテイクバックができる。⑤テイクバックからトップまで、右足の内側半分で重心を受け止める。ひざが外に割れないように注意。すると、軸を中心にしたコンパクトなトップになる。⑥ダウンスイングもスムーズになり、ボールを正確にミートできる。

アイアンでの軸の傾きはミスに直結する

正しくない軸のアーチ

体の軸が傾くとアッパーブローになってしまい、ボールに正しく当てるためには余計な動作が必要となり、再現性の低いスイングになる

正しい軸のアーチ

フラットな足場に対して軸が右に傾くと、スイングの最下点の位置もズレるため、正しいインパクトを迎えることがとても難しくなる。

❶軸が右に動くと上半身がスウェイしたり、右腰が引けたりするのでバックスイングもつられて大きくなる。❷その反動で、ダウンスイングでは右肩が落ち、ヘッドも下に落ちる。❸そのままでは地面を叩くので、クラブをすくい上げるようなあおり打ちの形になってしまう。

ダウンブローのスイング軌道を身につけたい人へ！ マットの端から打つドリル

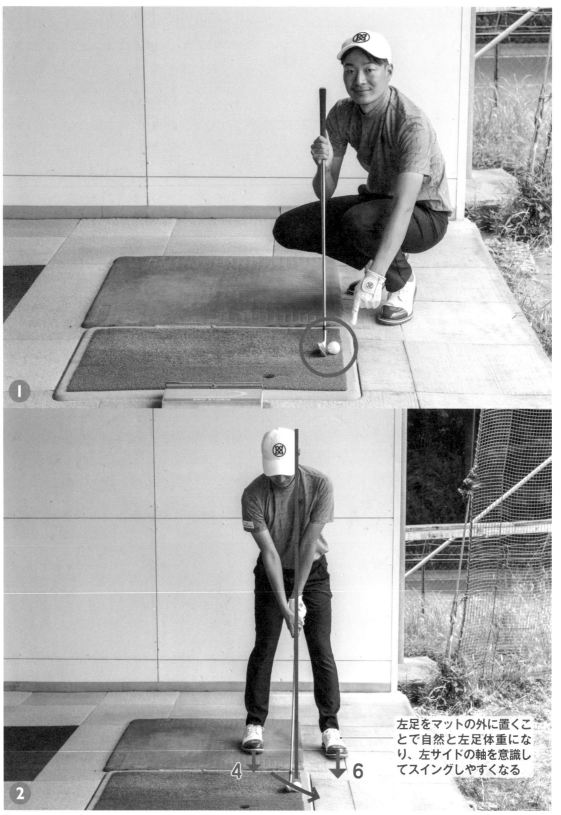

左足をマットの外に置くことで自然と左足体重になり、左サイドの軸を意識してスイングしやすくなる

❶練習場のマットの端を利用すると、クラブを上から下に下ろすイメージが出しやすい。❷マットの端にボールを置いて、クラブを浮かせ、左足6：右足4の左足体重のアドレスを取る。ボールを打ったあと、クラブヘッドをマットの先に低く出すように打つ。

番手ごとにアイアンのフェースの合わせ方を工夫しよう

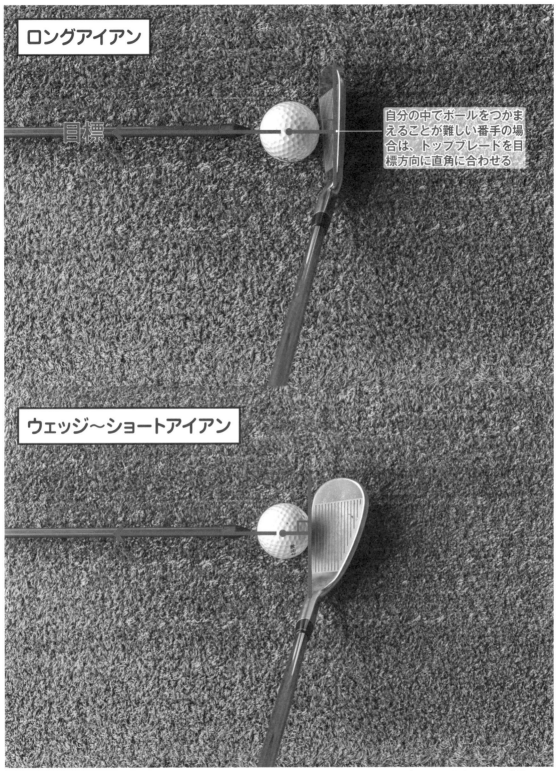

ロングアイアン

目標

自分の中でボールをつかまえることが難しい番手の場合は、トップブレードを目標方向に直角に合わせる

ウェッジ〜ショートアイアン

初心者や女性、力に自信のない人が 5I 〜 7I などのロング〜ミドルアイアンを打つ場合、シャフトが長くなる分、振り遅れの状態になってフェースが開いて当たり、スライスしてしまうケースが多い。そういう場合は、フェースをボールにセットするときに、リーディングエッジではなくトップブレードを目標方向に向かって直角に合わせ、その状態でグリップを握り直そう。すると、インパクトでフェース面がスクエアに近い状態になり、スライスが起きにくくなる。ショートアイアンやウェッジは、シャフトが短く振り遅れの状態が起きにくいので、リーディングエッジで合わせよう。

関連動画はコチラ ▶

「軸」と「入射角」を安定させる
徹底すべきアイアン練習法

ボールの最下点と赤道の
中間あたりにヘッドを浮
かせて構える

軸

左のお尻を左に
2cm ほどずらす

正しいスタンスの向きと、ボールの位置を確認するためアライメントスティックを十字にセットする。❶まず、PW のヘッドを浮かせ
てアドレスする。❷左のお尻を左に 2cm ほどずらす。❸少し左足体重になるので、その左軸を保ったままスイングすることを意識する。

　ここまでで「構えたときに、クラブで地面に圧をかけないこと」と「体の軸を保つこと」の重要性、そのための準備とスイング中に持つべき意識に関してはご理解いただけたことでしょう。

　本頁では以上の内容を踏まえた上で、「軸を保った軽いダウンブロー」をよりスムーズに定着させる練習法を紹介します。練習すればするほどスイングは洗練されていき、軸と入射角が安定したスイングに近づいていきます。ぜひ練習に取り入れてみてください。

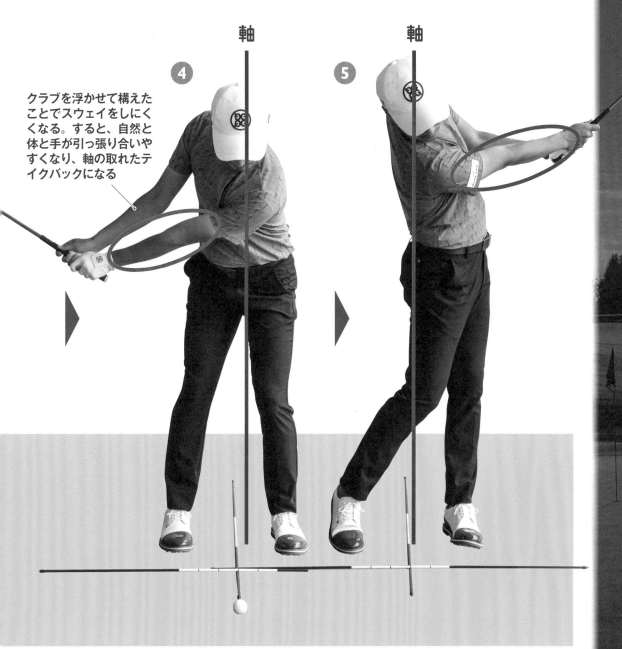

軸

④

クラブを浮かせて構えたことでスウェイをしにくくなる。すると、自然と体と手が引っ張り合いやすくなり、軸の取れたテイクバックになる

軸

⑤

④左軸を保ちながら、8時〜4時（フォロースルーは3時くらいに大きくなっても良い）のイメージのショートスイングをする。8時のテイクバックでは、左ひじを伸ばすことを意識する。⑤4時のフォロースルーでは右ひじを伸ばすことを意識する。

関連動画はコチラ ▶

狙えるショートアイアンを作る
「目線」の取り方を工夫して明確な
アライメントとスイングイメージを持とう

初心者から中級者・上級者の仲間入りを果たすには、100ヤード以内のショットを確実にすることが重要な要素のひとつです。しかし、この距離を無難に乗せられるプレーヤーは意外と少ないのです。ここではピン位置を目視したあとの目線の戻し方を工夫することで、狙った方向に対する明確な意識を反映させた「狙うスイング」ができるようになる方法を紹介します。

狙い（ピン）からボールまでを目線でたどることで、スイングイメージを作る

❶上写真のように、フェースの向きを合わせる時点では体のアライメントはまだ整えない。❷❸ピンから目線を徐々にボールに戻す。このとき、途中2か所くらいの通過ポイントをイメージしておく。

狙った方向に飛ばすために、「左手の甲の向き」を意識しよう

左写真のように、アドレス時の左手の甲の向きを、インパクト時に再現する意識を持ってスイングしよう。この意識を保てる範囲内でコンパクトにスイングをすることで、狙った方向に飛ぶ。右写真のようにインパクト時に、左手の甲がアドレス時より左に回転すると、フェースはかぶるので左に飛ぶ。逆に、左手の甲がアドレス時より右に回転すると、フェースは開くので右に飛ぶ。

最終チェックでピンの方向を見るときに、上体が起き上がらないように注意しよう

狙いどころに対するイメージを、テイクバックに生かすことができる

余裕のある番手選択とコンパクトなスイングイメージを忘れずに！

❹最終通過ポイント（自分付近でボールが通過するところ）を確認したあとに、アドレスを取る。❺ピンからボールまでのイメージの線をさらに後方に延長させ、その延長線上にテイクバックする。余裕のある番手選択をして、コンパクトにスイングすることが大切。

関連動画はコチラ▶

体幹（軸）始動のスイングで 効率良くヘッド（先端）を走らせよう

「力みなく振っているのにヘッドが走ってよく飛ぶ」という人と「一生懸命振っているのになぜか飛ばない」という人の違いは「スイングを始動する場所と意識」に大きな差があります。

例えば、ムチをイメージしてみましょう。ムチは先端から遠いところを握るほど、振ったときの遠心力が大きくなり、先端部分の加速も大きくなります。逆に先端に近い部分を握り、どれだけ速く振ろうとしても遠心力は加わらず、腕の力のみしか伝わりません。本項では、体幹（軸）からクラブヘッドまでを、1本のムチのように動かして、効率良くスイングする方法をお伝えします。

先端にあるクラブヘッドを高速で動かすには、何を意識すれば良いのか？ 手だけの力でヘッドを動かすのではなく、先端（ヘッド）から最も遠い体幹（軸）から始動するには、体のどの部位を意識すれば良いのか？ 細かな動きのイメージをするため、下記の説明と動画をあわせて確認してください。

力を効率良くクラブヘッドに伝えるには、体幹（軸）、肩、手、シャフトという具合に、ヘッドに一番遠いところ（体幹）から動かし始める。
❶まずテイクバックの始動は、体の重心がある体幹を軸にあばらを右上に捻じることで始め、❷次に左肩の動きを連動させる。

左写真のように、クラブヘッドに近い手や腕力だけに頼ってクラブを始動すると、ダウンスイングでも腕を振り下ろす動きが主体となり、遠心力が働きづらい。そのため、先端にあるクラブヘッドを効率良く加速させることができない。

❸ひじから手へと動きがつながり、❹それにともないヘッドの運動が始まる。そして切り返し後も体幹、肩、手、シャフト、ヘッドの順に力が伝わるが、同時に体幹である軸を中心に体が回転しているので遠心力が働き、ヘッドに加速力がつくのだ。

関連動画はコチラ ▶

6

一生モノの練習法
片手打ち（左手）

使用クラブ
52°、PW など

❶

❷ このL字がポイント

❸

みぞおちとひじの距離
を一定に保つために、
左手をセットしよう

あくまで両手で
打つときの精度
を上げることが
目的！ 必ず両
手で普段のアド
レスを作ってか
ら片手を離そう

慣れないうち
は多少強めに
グリップしても
OK！少しずつ
腕力に頼らない
リズムや体の使
い方を探ろう！

❶正しい方向にクラブフェースを合わせて、両手でアドレスする。グリップは片手になってもクラブの重さに負けないように 2 ～ 3cm 短く持って慣れないうちは少し強めに握る。❷右手の親指と人差し指で L 字を作る。❸右手の L 字をみぞおちと左ひじに写真のようにセットする。

片手打ちは僕が研修生時代に注力していた練習法です。僕のゴルフをプロのレベルまで引き上げてくれた練習法と言っても過言ではありません。インパクトの精度・当て感の向上・腕と体の運動量のバランスを良くすることで、スイング全体の質が向上するなど、メリットを挙げるときりがない練習法です。しかし少しでも油断したり、正しく行わないと無駄な練習になってしまいます。僕自身レッスンをして片手打ちを生徒さんに指導するときは、かなりシビアに動作や意識をチェックしながら行っています。今回は、正しい片手打ちをして高い効果を得るための、大切なポイントと注意点を細かくお伝えします。ぜひ日々の練習の中で、高い集中力を持って、継続して取り組んでみてください。必ずあなたのゴルフのレベルを引き上げてくれるはずです。

④

みぞおちとひじの距離を保てれば、自然と腕と体が同調した片手打ちになる！

⑤

フォロースルーでもこの関係はキープ！

切り返しで、左手の手元が先行してしまうと、正しくボールにミートできない。トップでヘッドの重さを感じるくらいの「間」を持って、ヘッドが重力で自然と下りてくるスピードに合わせてボディーターンしよう

❹親指はみぞおち、人差し指は左ひじにセットしたまま、指がセットした位置から外れたり、形が崩れないように意識しながらテイクバックする。❺ 8時〜4時の小さいスイングだが、手と体が同調しないと、クラブの芯にボールは当たらない。

関連動画はコチラ▶

片手打ち（右手）

使用クラブ
52°、PW など

❶

右手は左手以上に「手上げ」になりやすい。しっかりとL字を作って体と腕の距離をキープすることで「手上げ」を防ごう

❷

腕や手首の力で「クラブを振る」のではなく、腕とクラブが自然落下するタイミングに合わせて積極的にボディーターンを行うことで「ややハンドファースト」のインパクトを迎えられる

❶左手で作ったL字を、みぞおちと右ひじに写真のようにセットする。❷腕や手首の力に頼りすぎず、手と体を同調させて打つことを強く意識しよう。最初は球筋が乱れるが、何度もチャレンジして、同じ音・同じ球筋になるように練習しよう。「左手で5球▶右手で5球▶最後に両手で5球打つ」という流れで、複数セットを行うのがおすすめ（苦手なほうの片手打ちの球数を増やすなどして、自分なりに調整しよう）。

腕とシャフトの角度をキープ

Check POINT

両手でアドレスした
あと、左右どちらの
手を離したとしても
この角度をキープ
する意識を持とう!

アドレスの構えを後方から見ると、腕とシャフトに角度がついているのがわかる。片手を離しても、腕とシャフトの角度を維持したまますスイングすることを意識しよう。体が伸び上がると前傾角度が浅くなってトップになる。逆に体が沈み込みすぎると、前傾角度が深くなるのでダフりやすくなる。

関連動画はコチラ▶

傾斜の打ち方
①つま先下がり

コースと練習場の最も大きな違いは、コースにはアンジュレーション（地面の起伏）があり、フラットな位置でスイングできることが少ないところです。また、よほど恵まれた練習環境がない限り、ひとつひとつのアンジュレーションを十分に練習する機会を持つことはとても難しいと思います。しかし、傾斜別の打ち方の基礎知識さえ覚えておけば、意外とコースですぐに対応できる部分も多々あります。逆に知らなければ、それを知っている同レベルのプレーヤーにはスコアで負けてしまうことになります。技術だけでなく、知識や考え方で数字に差が出るのがゴルフの面白いところです。ぜひ各傾斜に対する基礎知識を覚えてください。コースに出るのがさらに楽しくなるはずです。

傾斜の度合いによって握る長さを調整しよう

Check POINT

つま先下がりの状態でクラブを通常の長さで握ると、ヒール側が地面に接したときにトゥ側が浮く形になり、ボールにしっかり当たる確率が低くなる。クラブを少し短く持ってボールに近づくと、トゥ側が下がる形になり、ボールにしっかり当たる確率が高まる。

✕ BAD

普段より少しボールに近づいてアドレスしたとき、ひざだけを曲げるとお尻が下がり、トゥ側が浮いてしまう。ひざを曲げたあと、さらに股関節から前傾角度を深くすることで、トゥ側が下がった正しいアドレスが取れる。

Check POINT

前傾を深めに取ろう

3

つま先下がりは傾斜の分、ボールが右に行きやすいので、少し左を向いて構える。

4

実際の斜面で素振りをしてバランスを保てるかリハーサル！大振りはNG

打つ前に素振りをして、体の軸がブレずにバランスが取れるかを判断する。傾斜の強さに応じて、スイングの大きさを調整しよう。前傾が深くなりボールとの距離が近づいた分、縦に振りやすくなり、ボールにミートしやすくなる。実際に打つときも縦振りを意識して、上半身が浮かないように胸を残すイメージで、コンパクトにスイングしよう。

×BAD

クラブを通常の長さで握ってひざだけ曲げると、写真のように横振りのスイングになりやすい。ボールに上手く当たらなかったり、ヒール側が先に地面に当たってフェースが返り、大きく左に曲がるなどのミスが出る。

2 つま先上がり

関連動画はコチラ▶

傾斜の角度が強ければ
強いほどボールと体の
距離が近くなるので短
く持とう！

いつもよりボールと足の
距離は遠目に構えよう‼

つま先上がりは、ライ角の影響でフェースが左を向きやすく、ボールがつかまりやすい。また、ボールと体の距離が近くなるので、クラブは短く持とう。そうすることで、ボールと体の距離は適正になり、フェースが左に向く度合いを軽減できる。

つま先側が上がっている分スイングは横振りとなるため、通常のアドレスよりもボールとの距離を少し遠目に構える必要がある。

❸ボールが左に行きやすいので、少し右を向いて構える。❹横振りのスイングになるので前傾姿勢は浅くとり、緩やかに加速しながらボールを横からさらっていくようなイメージで振る。

打ち込む
イメージは
絶対NG！

つま先上がりで縦振りになってしまうと、フェースが左を向いている状態で、アウトサイドからクラブが入ってしまうため、ボールが左に出て、曲がってしまう最悪のミスをまねく。

3 左足上がり

関連動画はコチラ▶

左足上がりの傾斜は、ロフトが寝て入るので距離が落ちる。1番手大きいクラブを持ち、少し短めに握る。

ダウンスイングで無理やり左に重心移動をしようとすると、傾斜に逆らう形で上半身が突っ込んでしまい、クラブが刺さってしまったり、シャンクなどのミスが出やすくなる。

❷アドレスは、傾斜に沿って右足7：左足3の右足体重に構える（傾斜の角度によって変わる）。❸スイング中は右足7の状態で踏ん張る。体が右にスウェイすると元の位置に戻せなくなり、ミスにつながる。❹右足はほぼ地面につけたままの意識で、スリークォーターショットで打つ。

④左足下がり

関連動画は
コチラ▶

左足下がりの傾斜は、自分から見て右側が高くなっているので、ボールをクリーンにとらえることは難しい。まずは傾斜なりに構え、左重心のままスイングしよう。自然とロフトは立ち、ダウンブローの軌道になるので、転がりを計算したマネジメントが大切になる。

Check POINT

ボールを上げようとするのは絶対NG！

ダウンブローの軌道の中でインパクトを迎えたいので、ボールをスタンスの真ん中より左に置くのはNG！

✕ BAD

「軸」が右に傾くと、レベルブローやアッパーブローになりやすく、ボールの右側が高い状況になるのでしっかりミートすることができない

左足下がりの傾斜で、右に体が動いたり体重移動してしまうとスイングがアッパー軌道になる。すると右が高くなっているため、地面を叩いてしまう。

オープンスタンスで構えることで「右にスウェイしづらい」「自然とダウンブローになりやすい」などメリットがたくさんある

左足を少し後方に引いてオープンスタンスに構える

①体重配分を左足6：右足4の左足体重にしたあと、②スタンスをややオープンにして構える。そうすることでクラブがアウトサイドから下りてくるので、鋭角なスイング軌道でボールに直接コンタクトしやすくなる。フラットな傾斜のときと同じように構えると、クラブがインから下りてきてしまい、ボールの手前の地面でダフってしまう。

③スイング中は体重移動をせず、④左足体重のままフィニッシュが崩れないようにコンパクトに振る。傾斜の分、クラブのロフトが立ってボールに当たるので、キャリーの距離は落ちる。しかし、ランは増えるので、いつも通りの振り幅で打った場合は総距離はあまり落ちない。番手選択は、傾斜の角度と実際のスイング幅などを考慮して、慎重に行おう。

ユーティリティを マスターする

関連動画は
コチラ ▶

　多くのアマチュアゴルファーが苦手なクラブに上げるのがユーティリティ（UT）です。ロングアイアンが打てない人でもやさしく飛ばせるクラブのはずのこのクラブで、たくさんの人が陥っている状態があります。今回は一度UTに対する印象や考え方をリセットして、やさしく打てるクラブを存分に生かしていきましょう。苦手意識を抱えている人の多くの理由は「飛ぶクラブだと認識してしまうことで、通常のスイングリズムより速くなる」「スチールシャフトが一般的なアイアンに比べて、UTはカーボンシャフトが一般的なため、クラブが突然軽くなるようなセッティングになってしまい、必要以上に振れてしまう」、この

2つが悪い相乗効果を生み、「勝手に飛ぶやさしいクラブ」のはずが「なぜかスイングが速くなってしまってミスをするクラブ」という印象になってしまっています。今回は上記の意識を払拭し、UTをやさしいクラブだと認識するための振り方のイメージを紹介します。

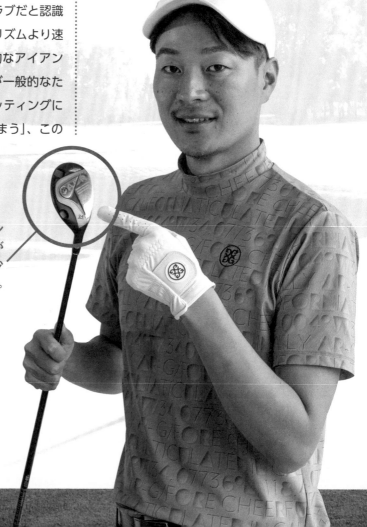

ユーティリティはソールがアイアンより広いのでザックリなどのミスが起きにくく、重心がアイアンより少し深いのでボールが上がりやすい。この特性を生かす打ち方を学ぼう

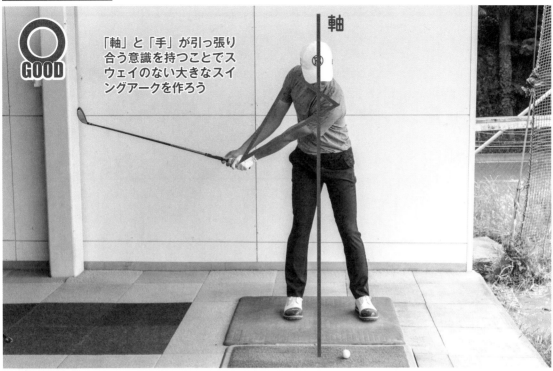

GOOD

「軸」と「手」が引っ張り合う意識を持つことでスウェイのない大きなスイングアークを作ろう

軸

ボール位置はスタンスの真ん中より少し左寄り。スタンス幅は腰が回転しやすいように、ドライバーやウッドよりもやや狭めにして構える。体の軸を保ったまま、腕を伸ばした状態で捻転し、腰の高さまでテイクバックする（それ以降のポイントは次ページを参照）。

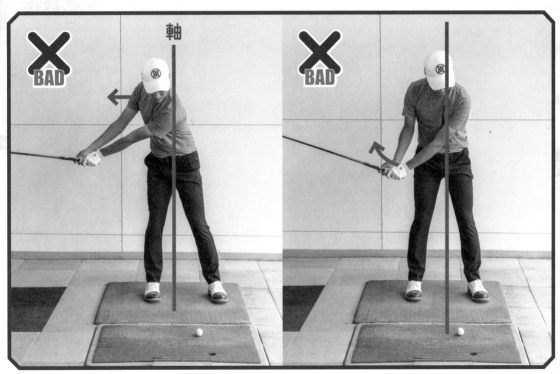

BAD 軸

BAD

テイクバックするとき、飛ばそうとする意識が働くと、体が右にスウェイして軸が保てなくなる（左写真）。腰を回転させずに手だけで上げようとすると、スイングアークが小さくなる（右写真）。

UT を正しく扱うための
スイングイメージ

軸

❶ ❷

ボールの位置はスタンスの
中央よりやや左に置く

ユーティリティの特性を最大限に生かすための練習ドリル。❶飛ばそうと思わず、ゆっくり振ることを意識してアドレスする。❷大きなスイングアークをイメージして、両腕を伸ばした状態で手元を腰の高さまでテイクバック。このとき、体の軸を保った状態で、軸と手元が引っ張り合う意識を持つと良い。

UTは、通常のアイアンのスチールシャフトがカーボンシャフトに替わることで軽さを感じやすいことと、飛ばすクラブという印象があることで、切り返しでの「間」がなくなりやすい。この打ち急ぎが、UTを難しくする最大の要因だ

❸その後、右ひじをたたみながらトップの形を作る。切り返しでは、自分が思う以上に『間』を意識し、打ち急ぎには注意する。❹体を使ってゆっくり振り下ろして、クラブが横から入るレベルブローの軌道を作る。❺適切な『間』とスピード感で振り抜けると、バランスの良いフィニッシュに収まる。フィニッシュが乱れる場合は、『間』とスピード感をもう一度意識してみよう。

ウッドの場合

トップでの注意点

軸

ボールの位置はドライバーのときの左足かかと線上より、もう少し内側に置く

Check POINT

UTと同様に、切り返しで『間』を作ることが大切。目安としては、右手親指と人差し指のつけ根でクラブの重さをしっかり受け止めてから切り返ししよう

①

②

❶ウッドは大振りしないように注意する。❷体の軸を保てる範囲でのトップの位置にとどめよう。体が流れたり、伸び上がったりすると、正確にミートできなくなる。

インパクトのイメージ

Check POINT

筒の中をボールがくぐって転がるイメージ

①

②

❶ウッドは多少手前からクラブが入っても、ソールが大きいのでミスになりづらい。❷ゆっくり大きなスイングアークを意識して、インパクトを点ではなく筒状にイメージしながら長いインパクトゾーンを作ると、球筋も飛距離も安定する。

第5章

ドライバー

関連動画はコチラ▶

ドライバー 3つの基本
捻転・右手・最下点

初心者がドライバーを打つときはもちろん、中級者や上級者でもドライバーが不調になったとき、もう一度原点に返って学んでほしい基本が、「捻転・右手・最下点」という3つのポイントです。

まず「捻転」は、下半身に対して上半身が捻じれる状態のことです。テイクバックでの捻転動作が不十分（浅い）だとティーアップされたボールをインサイドから打ち抜くことが困難な状態となります。また右利きの場合、飛ばそうとするあまりダウンスイング以降の「右手」の稼働量が無意識に多くなってしまいます。しかしドライバーを正しく扱えたときは、「右手」の力感はかなり少な

い状態となります。つまり「右手」で余計な力を入れて操作せずとも、インサイドからクラブを振り抜けるポジションに「捻転」することが重要となるのです。そして忘れてはならないのがスイングの「最下点」のコントロールです。ボールを左寄りにセットしてティーアップをするドライバーは、「最下点」がボールよりも手前にこなくてはなりません。しかし「打ちにいく」意識が「振り抜く」意識よりも優位になると、どうしてもスイングの「最下点」はボールのほうにズレてしまいます。この章ではドライバー攻略において最も大切な「捻転・右手・最下点」について深堀りしていきます。

1 捻転

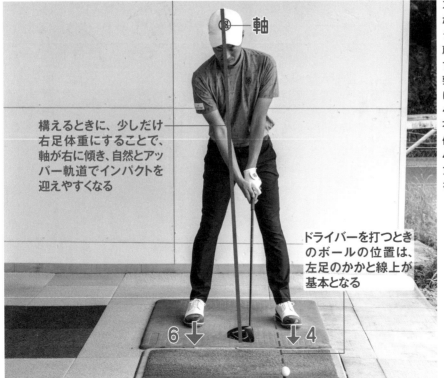

軸

構えるときに、少しだけ右足体重にすることで、軸が右に傾き、自然とアッパー軌道でインパクトを迎えやすくなる

ドライバーを打つときのボールの位置は、左足のかかと線上が基本となる

6↓　4↓

スタンスの向き、肩の向きが目標方向に正しく向くようにしよう。このとき、右肩が前に出てしまい向きがずれる人が非常に多いので、要注意。また、構えたときに右肩が出ることで、右ページ下写真のような捻転不足によるミスが多発する。体重配分は、右足6：左足4の右足体重にすることで、アッパー軌道でインパクトを迎えやすくなる。

しっかり捻転し、
トップが深くなるように

トップで背中が
目標方向を向く

十分な捻転のトップポジション
を作るためには、下半身の動き
が必要不可欠だ

構えたときの腕と肩の三角形を崩さないように意識しながら、腰と胸を回してテイクバック。腰の回転が止まる位置からも、前傾姿勢を崩さないようにキープしながら右ひじを畳んでいき、さらに捻転を加えていく。最終的に背中が目標方向を向くと、しっかり捻転ができているトップの形になる。このときに積極的に下半身を使って右のお尻で体重を受け止める形が作れると、スムーズに深い捻転のトップを作ることができる。深い捻転のトップを作る上で、下半身を『固定しないこと』はとても重要だ。

BAD
右肩が出る

BAD
トップが浅い

背中が目標を
向かない

下半身が止まる

この状態になるとドライバーを
正しく扱うことは絶対にできない

目標方向を見ながらアドレスすると、右肩が出やすくなる。アドレスで右肩が出ていると、しっかり体を回したつもりでも捻転量が浅くなり、背中も目標方向の左を向く。するとダウンスイングでクラブがアウトサイドから下りてきて、ボールはスライスしてしまう。

ダウンスイングで
手元が前に出る
（アウトサイドから
の軌道になる）

お尻の位置が逆に
動いてしまう

捻転が不十分だった
り、テイクバックのと
きに下半身を止めすぎ
てしまうと、その反動
でダウンスイングで手
元が前に出たり、お尻
が逆（右方向）に動い
てしまうなどの誤動作
が生じる

バックスイング時に捻転が不十分だったり、下半身が止まってしまったりしていると、トップからの切り返しのときに、手元が下では
なく前に出る動きになってしまう。下半身で動きを補填してでも、トップの位置で背中が目標方向に向くように意識しよう。

2 右手

「右手を使って意識的にボールをつかまえる」のではなく「正しい
構えと捻転をすれば、右手の力感がなくても自然とボールはつか
まる」ということが、最も理解してもらいたいポイントだ。

軸

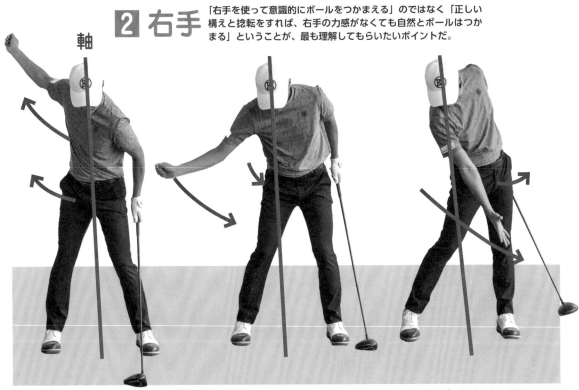

正しいアドレスから正しい捻転を行い、ダウンスイングでクラブがインサイドから下りてくる軌道になれば、右手の力は必要なく、ク
ラブが勝手に動いてくれる。そのとき、体の軸がしっかり右側にあるとインパクトでヘッドが自然に返るので、右手でボールをつかま
えにいく必要もない。

3 最下点

クラブ軌道は
最下点から上に向かう

アイアンなどの最下点はボールの位置だが、ティーアップしているドライバーの場合は、ボールの手前15cm（体格やスタンス幅による）に最下点がくるようにしてボールを下からとらえるとボールがつかまりやすい。ボールを打つ意識が強いとクラブを上から振り下ろしてしまい、スイングがアウトサイドインの軌道になり、スライスの原因になる。

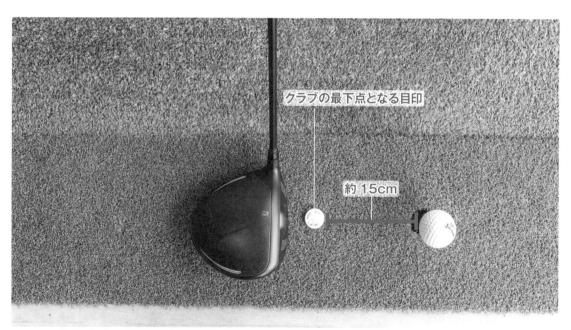

クラブの最下点となる目印

約 15cm

ボールの手前に最下点がくるとわかっていても、本能的にボールに向かって打ちにいく意識が強くなってしまう。そこで、ボールの手前15cm のところにクラブで実際に打っても問題のない目印を置く。ボールはあくまでスイングの通過点としてとらえ、その目印を目指してスイングしよう。

関連動画はコチラ ▶

「打つ」ではなく「振る」
振り抜き癖をつける素振り 2種

テイクバックを小さくして、フォロースルーを大きくする素振り

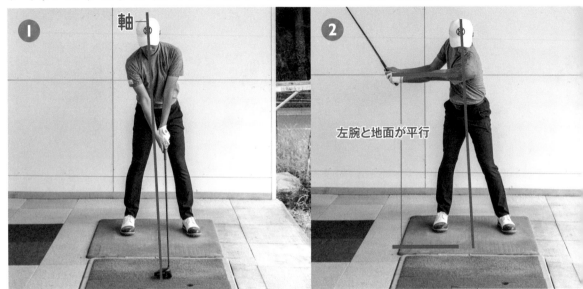

❶ドライバーでの正しい向きと体の軸を確認して、アドレスする。❷体の軸を保ちながら左腕が地面と平行になるくらいのハーフショットのイメージの位置までテイクバックする。

小さくフォローを出してから始める素振り

コースで緊張した場面や、スコアメイクに重要な場面では特に体が止まることが多い。そこでスイングに反動を加えた素振りがより効果的だ。❶アドレスの状態から、❷右足のかかとを軽く浮かし、少し左に体重移動しながら、テイクバックとは逆の方向にクラブを振る。

ドライバーで一番大切なことは、ボールを打ちにいくことではなく、振り抜くことです。これまでにも話しましたが、ボールを意識するとどうしても体がボールに対して突っ込むので、スウェイしたり上下動する悪い動きにつながります。よってボールはあくまでスイングの通過点にあるということを、徹底的に頭に叩き込み体に覚えこませることが重要です。

ドライバーを正しく振り抜くと軌道が安定し、ヘッドも走る（＝加速する）ので、大きな飛距離につながります。ここでは、コースでボールを実際に打つ前に、僕も実践しているヘッドを走らせるための素振りを2種類紹介します。

❸小さなテイクバックから、クラブを加速させながら体の軸を保ってスイングする。インパクトのことは考えない。❹フォロースルー以降もクラブをさらに加速させ、体の軸を保ったままフィニッシュ。最後までクラブをしっかり振り抜く＝ヘッドが走るということを意識づける。

かかとを浮かす

❸ ❷の状態からクラブの動きを止めずに、今度は左足のかかとを軽く浮かし、右に少し体重移動しながらハーフショットの位置までテイクバックする。❹クラブを加速させながら、インパクトを意識せずにフィニッシュまで振り切る。ヘッドをボールの位置に静止させることがないため、インパクトを意識せず大きなスイングで振り抜くイメージが持てる。

関連動画はコチラ▶

ドライバーの「芯」に当てる
重要性とコツ

ドライバーのヘッドスピードが 40m/s 少々の女子プロゴルファーが 220 〜 240 ヤード飛ばすのに対して、それよりもヘッドスピードが速い男性アマチュアゴルファーの飛距離が及ばないのは、ミート率の低さが大きな原因のひとつです。つまり、ボールをクラブの芯でとらえられていないということです。

クラブを速く振ることは飛ばすための大切な要素ですが、その速さも「芯」でとらえることができなければ、実際の飛距離に結びつかない無駄な速さとなってしまいます。

今回は正確に芯でとらえるためのセットアップの仕方と、スイング中の加速感についてポイントを説明します。正しくミートして、自分のスイングスピードを無駄なく飛距離に変換できるよう取り組んでみてください。

ヘッドを浮かせた場合

ボールをスイートスポットにセットする

ヘッドを浮かせて構える場合は、フェースのスイートスポットにボールをセットしよう。

ヘッドを地面に置いた場合

地面にヘッドを置いた状態で、ボールをスイートスポットにセットしても…

ヘッドを浮かすと前に出てしまい、ヒールにボールが当たってしまう

クラブを地面に置いてティーアップしたボールにセットするとき、クラブの中心部にあるスイートスポットの目印に合わせるアマチュアが多い。ところがインパクトではヘッドが浮くので、その分ヘッドが前にズレて、ヘッドの芯ではなくヒールに当たることになる。

ボールをトゥ側にセット

インパクトではヘッドが浮くので芯に当たる

クラブを地面に置く場合は、ボールをトゥ寄りにセットしてアドレスする。するとインパクトではヘッドが浮くので、クラブヘッドが前に出て、クラブヘッドの芯でボールをとらえることができる。自分のティーの高さやスイングに合わせて、ヘッドをセットする位置を調整しよう。

スイングを加速するタイミングをコントロールすることで、芯に当たる確率は大幅に上がる

加速

切り返しでの
急加速はNG!!
トップからダウンスイングの切り返しで急加速をしてしまうと、クラブコントロールを失うので、芯で当たる確率もぐっと低くなる

フェースの芯でボールをとらえるには、スイングスピードをコントロールすることも重要になってくる。トップからいきなり急加速してしまうと、クラブがコントロールできなくなるので芯に当たらない。

切り返しからインパクトまで、徐々に加速することを意識することで、緩まず、正しいインパクトをすることができる

加速

トップからスイングスピードをコントロールしながら徐々に加速させていき、インパクトを迎える。トップで急加速した場合と、トップから徐々に加速してインパクトを迎えた場合とではヘッドスピードに大きな差はないが、ミート率に大きな差が出る。それが飛距離と方向性の大きな差となる。

正しい加速感を身につけるための素振り練習 (P.118 参照)

加速

トップからの切り返しでどうしても急加速してしまう人は、ハーフスイングのテイクバックの位置から素振りをしてみよう。この位置からだと、いきなり速いスピードは出せないので、フォローに向かって徐々にヘッドを加速させる感覚がつかみやすい。

関連動画はコチラ ▶

アマチュアの大敵
スライスは構えで直る

　ドライバーでのスライス病に悩まされているアマチュアゴルファーはとても多いです。

　しかし、その9割以上が「振り方を直す」のではなく「構えを正すことで振り方が直る」という順序で解決します。

　今回はあらゆるスライスの原因を根絶させるために、3つの構え方を紹介します。コースでスライスが出てしまったときに、スイングを変えようとして迷走してしまうのではなく、構え方の工夫によって対応しよう。ぜひ今回紹介する3つの構え方を頭に入れて、コースに向かってみてください。

　「構えで対応できる」という精神的余裕があるだけでスコアアップの大きな助けとなります。

右ひじを脱力した構え

ひじの内側が見える

ドライバーで飛ばそうとする意識や目標方向への意識が強まると、右肩から右腕にかけて力が入り、右ひじの向きが内側を向くことで正しいテイクバックを取りづらくなる。その結果、捻転不足になりスライスしてしまう。そこで右ひじを脱力することによって、捻転しやすい構えを作ろう。

○ GOOD

右腕が左腕より下の
位置にくる

右ひじを脱力させた状態で構えているので、正面から見るとひじの内側が見える。後ろから見ると、右腕が左腕より下になっているのがわかる。この体勢だとクラブをスムーズに引けて、インサイドからボールをつかまえにいくことができるため、強いボールが打てる。

✕ BAD

ひじが突っ張って
いるので、ひじの
内側が見えない

右腕が左腕より上の
位置にくる

右ひじが張った状態で構えているので、正面から見るとひじの内側がよく見えない。後ろから見ると、右腕が左腕より上になっているのがわかる。この体勢だとクラブはアウトサイドに上がるので、トップからもアウトサイドに下りてきてボールはスライスになる。

捻転量を補填した構え

❶

「ボールの位置が左寄り」「打ち出したい方向が自分の左側」「グリップを右手が下で握ること」など、構えの時点で右肩が出てしまう要素がたくさんあるのがゴルフの構え。しかし、インサイドからややアッパーにボールをとらえるには「右肩が出ている」という状態は極めてマイナスに働く。コースですぐにできる「右肩が絶対に出ない、捻転を補填した構え」を説明する。

❷

❶の写真のアドレスから、ヘッドがひざの高さくらいの位置までゆっくりテイクバックして一度止まる。すると右肩が少し引けた構えになる。

ヘッドがひざの高さにくるまでテイクバックする

❸

肩の位置はできるだけそのままで、クラブを元の位置に戻す

❷の構えから右肩が少し引けたが、肩のラインはそのまま動かさずに、ヘッドだけを元の位置に戻す。こうすることで最初から少し捻転を加えたアドレスになるので捻転量が増し、インサイドからボールをつかまえやすくなる。

右足つま先を少し開いた構え

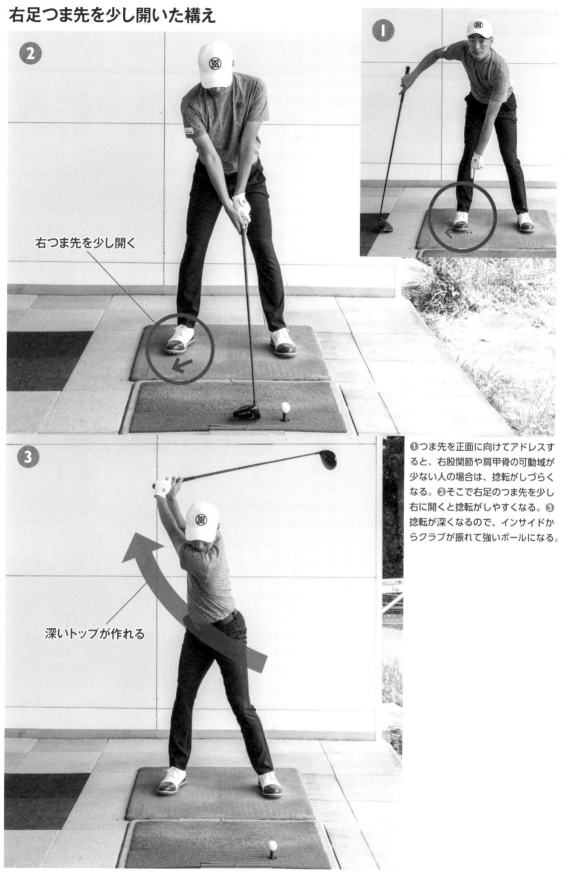

①

②

右つま先を少し開く

③

深いトップが作れる

❶つま先を正面に向けてアドレスすると、右股関節や肩甲骨の可動域が少ない人の場合は、捻転がしづらくなる。❷そこで右足のつま先を少し右に開くと捻転がしやすくなる。❸捻転が深くなるので、インサイドからクラブが振れて強いボールになる。

関連動画はコチラ▶

1日5分で飛距離が格段にアップ
予備動作を抑えて出力する練習

ゴルフスイングにおいて予備動作は2つのパターンがあります。ひとつは動作をスムーズに行うための予備動作。代表例を上げると、始動前のフォワードプレスやワッグルなど、スムーズなスイングを行うための良い予備動作のことです。もうひとつが、スイング中に飛ばそうと思うあまり、体の反動を利用しようとしてしまって起きる悪い予備動作です。

本頁では、飛距離アップに重要な右足の出力を予備動作なく行えるようになるための方法を紹介します。ダウンスイングからフォロースルーにかけての切り返しで、正しく（予備動作なく）右足で地面を押していく動きを身につけるために、ぜひこの方法を実践してみてください。

ひぐけんがトーナメントに出場するときに、なんとかしてドライバーの飛距離を伸ばしたいと思って取り組んだトレーニングだ。これを学ぶことでゴルフスイングに適した力の出し方を身につけることができる。❶まず右足のひざを曲げ、ゴルフの前傾角度より少し深めにして片足で立つ。パートナーに頭の上にクラブのグリップを当ててもらう。

「腰を曲げて沈み込む」という動作をなくしてジャンプしよう！

スイング中に使える右足を作る

頭とグリップをくっつけたまま、❷上に向かって思い切りジャンプ。ジャンプしたあとは右足で着地する。ひざに負担がかかるので、無理せず片足で立てない人は両足で着地しても良い。右足で10回繰り返す。このトレーニングは、打つときに右足で地面を蹴る感覚が身につくと同時に、蹴る力も鍛えられる。

多くの人はジャンプする前に頭がクラブのグリップから外れて、一度沈み込んでからジャンプする動作になる。ゴルフスイングにはインパクトの形から右ひざを曲げる動作はないので、ゴルフスイングには適さない動作となる。沈み込みに気をつけよう。

ゴムチューブで左足を鍛える運動

左足を真横に広げる

左足はインパクトのパワーをしっかりと受け止め、体が左へ流れないように耐えることが必要になる。ゴムチューブを使って、左足を鍛えよう。❶ゴムチューブを両足に巻く。❷体勢を崩さず、左足を外に開く動作を10回繰り返す。脇腹とお尻の筋肉も鍛えられる。

上体が前に傾く

上体が後ろにのけぞる

左足は上写真のように体のバランスをしっかり保ちながら真横に広げ、左足の筋肉、左脇腹とお尻の筋肉にも負荷がかかるように動かすと効果的だ。下写真のように、上体が前に倒れたり、後ろにのけぞったりすると必要な筋肉に負荷がかからず効果が出ない。

関連動画はコチラ ▶

ボールに線を描いて目標方向と
クラブ軌道のイメージを可視化する

ドライバーを安定して飛ばすという点において、アウトサイドインの軌道は基本的にあってはなりません。ここでは目標方向に対するアライメントと、ヘッドをインサイドからアタックするイメージを明確にするための、簡単な仕掛けを紹介します。

ボールに2種類の線を引こう

左写真のように、ボールに線を引くことによって、自分の飛ばしたい方向とインサイドからのヘッド軌道のイメージを可視化しよう。アウトサイドからヘッドが入ってしまう傾向の強い人ほど、黒い線（打ちたい方向に合わせた線）と赤い線（ヘッド軌道）の交差の角度を広めにしてボールをセットすると、イメージも明確になりスイング軌道の改善にもつながる。

ボールを自分の目線に合わせてセットしよう

❶ボールの黒線を目標方向に向かってセットする。
❷スタンスを取ったあと、黒線を手前に回し、自分から見た目線に合わせ直す。するとインサイドの方向を示す赤線がはっきり見えてくる。

ボールを自分の目線のほうに少し回転させる

ボールに線を引く場合は、ゴルフショップなどで市販されているゴルフボールマーカーを使用するときれいに引ける。線の長さはボールの半周ほどが目安だ。

Check POINT

GOOD

Line of Sight

赤線の方向にスイングする

赤線があることでインサイドアウトの
イメージを明確に持てる

ひぐけん目線から見たボールとクラブ。黒線（打ちたい方向に合わせた線）に対してスタンスを取り、クラブを振り抜く方向は赤線のイメージを持つ。赤線がインサイドアウトの軌道にナビゲートしてくれるため、軽いアッパーでインサイドからの軌道でつかまったボールが打ちやすい。

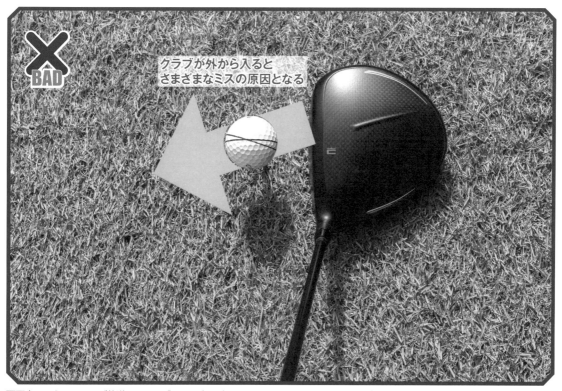

BAD

クラブが外から入ると
さまざまなミスの原因となる

下写真のように、クラブ軌道のイメージとなる赤い線に反してアウトサイドインのクラブ軌道になってしまうと、ドライバーの性能を生かせず、スライスやチーピンの原因となってしまう。赤い線のようなインサイドアウトのクラブ軌道をイメージすることと、そのために十分な捻転をすることが重要。

関連動画はコチラ▶

意外と知らない人が多い
正しい目土の方法

1 フェアウェイでアイアンなどを打つと、ターフが取れて芝に穴が空いた状態になる。ダフったときも同じような穴が空く。

2 目土はカートなどに積んであるので、スコップを使って穴の深さの3分の2程度の量の目土を入れる。

3 目土を入れたあと、靴で軽く踏んで少し固める。

4 この状態にしておくと、芝が目土を覆うように生えてくるので、きれいなフェアウェイの状態に戻る。

❌ **BAD**

目土を穴の深さいっぱいまで入れたり、山盛りにするのはNGだ。そうすると、芝は目土を覆うように生えてくるため、フェアウェイがそこだけ盛り上がった状態になってしまう。

パター

自分の特徴や癖にあった グリップ（握り方）を探そう

「パットに型無し」といわれるように、パターのグリップの握り方は人それぞれです。

プロや上級者でも、そのときのパットの調子やストロークの状態、グリーンのコンディション、使用するパターによって握り方を変えることはよくあることです。つまり、自分のパッティングをするときのイメージや使用するパターの特性に合わせて、最適な握り方を選択することがカップイン率を高める上でとても重要となります。

具体的には、「左右どちらの手を主体としてストロークをしたいのか」「機械的に動いてパッティングしたいのか、自分の感覚を生かしてパッティングしたいのか」などによって握り方が変わってきます。本項では僕のオススメする4種類の握り方を紹介します。試してみることで、自信を持ってストロークできる握り方が見えてくるはずです。ぜひお試しください。

オーバーラッピンググリップ

ショットするときの基本的な握り方に近いので、ショットの延長で自分の感覚をパッティングに生かしたい人におすすめの握り方だ。よって、普段ドローボールを持ち球にしている人は、フックラインのほうがカップインのイメージがわきやすい。フェードボールが持ち球の人はその逆で、スライスラインでカップインのイメージがわきやすい。

クロスハンドグリップ

左手を下に、右手を上にした握り方で、左手を右手で包むように握る、左手主体のグリップ。ヘッドの動きが安定し、フォローを低く出せるので芯でとらえやすい。フェースのローテーションを抑えられるため真っすぐ打ちやすく、ショートパットが安定する。

クローグリップ

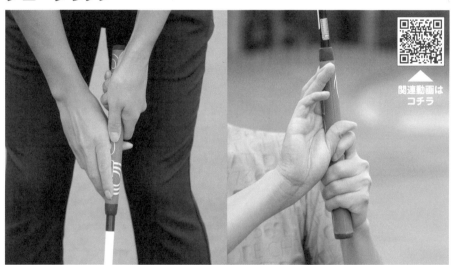

左手はオーバーラッピンググリップの握り方と同じだが、右手は人差し指、中指を伸ばしてグリップに添えるようにする。右手はあくまでサポート役になるので、右手に余計な力が入ってミスをしてしまう人におすすめ。この握り方をすることで、左手が主体で、機械的に正確なストロークをすることができる。

アームロックグリップ

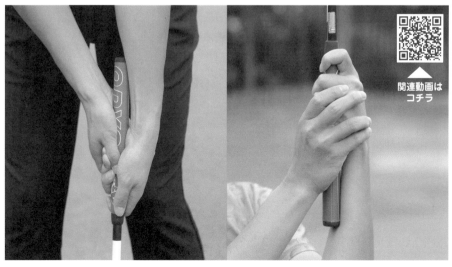

グリップの側面に左腕を添わせて一体化させる。右手は左手の上に軽く乗せて、一体化した状態をキープしたままストロークする握り方。グリップエンドと手元の2軸になるため安定感が増す。トッププロも多数取り入れている握り方だ。

関連動画はコチラ

関連動画はコチラ ▶

ショートパットが反則級に入る
アームロックのススメ

2

左脇を締めることで腕と体の一体感を保つ

軸が2箇所（グリップエンドと手元）になることで、クラブが余計な挙動を起こせない状態が強制的に作られる

通常のグリップは、クラブが振り子のように動き、フェースの開閉が起きるが、グリップエンドを左腕に固定するアームロックグリップは軸が2箇所になり、クラブの挙動が圧倒的に安定する。そのため、セットアップしたフェースの向き通りにインパクトを迎えられ、とても安定したストロークが可能になり、特にショートパットが安定する。

❶ グリップと左腕を一体化させる

グリップの側面に左手首と左腕を添わせる

左手をグリップの下ギリギリまで伸ばし、通常より短めに握る。そのときグリップの側面を左手首から左腕にしっかり添わせる。

❷ 左脇を締めることによって、クラブの動きと体の動きが同調しやすい構えを作る

脇を締めて腕の内側と体が密着することで、ストロークの精度が上がる

左脇を締め、左肩からクラブヘッドまでが一直線になるような、強めのハンドファーストの構えを作る。

❸ 左目の真下よりさらに少し左にボールを置く

ボールは左目の真下よりさらに少し左にセット

アームロックグリップは、構えたときにハンドファーストが強くなる分パターのロフト角が立った状態になるので、ボールを置く位置は、左目の真下よりさらに少し左にしよう。右手は自分が握りやすい持ち方で。

> アームロックグリップの特性上、自分が普段使っているパターより少し長めで、ロフト角が大きいものを使用すると、とてもフィーリングが合いやすい。

Check POINT

関連動画はコチラ▶

ボールの線の方向を確定させてパッティングする方法

パッティングでは、「自分は打ちたい方向に正しく向けているのか？」という不安がどんな人でもあると思います。その不安が、普段なら外さないような距離のパッティングでミスをしてしまう原因となります。そのような不安が解消し、「確実に自分は打ちたい方向を向いている」という確信のなかでパッティングをできれば、パットの成功率は飛躍的に向上します。今ではかなり多くのプロが、ボールの線を打ちたい方向に合わせるという方法を取り入れていますが、そこで重要になるのが「ボールの線を本当に正しく目標方向にセットできているのか？」ということになります。今回は自分の狙った方向に確実に線を合わせる方法を紹介します。「ボールの線は狙った方向に正しく向いてるのか？」さらに「フェースが正しい方向に向いているか」という不確定要素が排除され、簡単なパットを簡単に決められるようになるはずです。もし外れたとしても、"自分が狙った方向に打てていなかっただけだ"と納得できるので、次のホールに引きずらないミスになるでしょう。

❶まずはボールの後方から自分が狙いたい方向を確認し、線を大まかに合わせる。❷利き目を使いボールの線とシャフトの線を重ね、シャフトの線が自分の狙い目と合っているか確認する。※自分の利き目の確認方法は、ページ上部の関連動画をご覧ください。

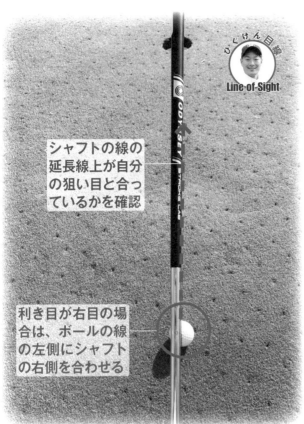

シャフトの線の
延長線上が自分
の狙い目と合っ
ているかを確認

利き目が右目の場
合は、ボールの線
の左側にシャフト
の右側を合わせる

ボールの線とシャフトの線を
重ねるときのポイント

ボールの線とシャフトの線を重ねるときは、両手でクラブ
の両端を持ち（前ページ右写真を参照）、シャフトの右側
面とボールの線の左側を合わせる。そのとき、シャフトの
線の延長線上が自分の狙い目と合っているかを確認する。
ずれていれば、ボールの線の方向をずらして調整する。

利き目が左目の場合は、
ボールの線の右側にシャ
フトの左側を合わせる

Check
POINT

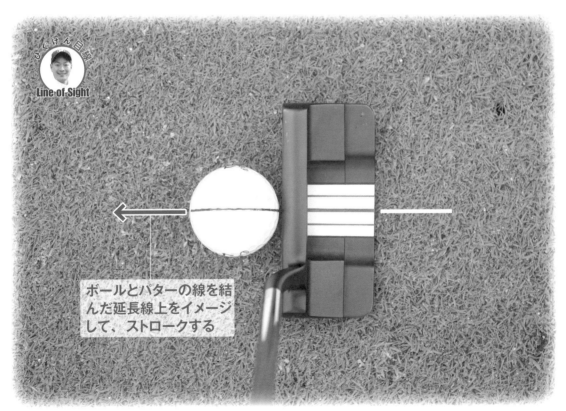

ボールとパターの線を結
んだ延長線上をイメージ
して、ストロークする

ボールの線が狙い目にセットできたあとは、パターの線とボールの線を合わせて構え、２つの線の延長をイメージしてストロークする
と、目標方向に正確に転がっていきやすい。

関連動画はコチラ ▶

転がりのイメージが明確になる
ライン読みの正しい順序

どんなに自分が狙った方向に対して正確に打っても、そもそもラインが読めていなければカップインすることはありません。ミドルパットやロングパットを正確にカップに寄せてしっかり2パット以内で上がるために、「正しいライン読みの順序」を覚えておきましょう。

他のプレーヤーのラインを参考にすることは大前提ですが、今回はボールの転がるイメージがより明確になるライン読みの順序を紹介します。

色々な角度からラインを見ることはもちろん重要なのですが、その順序を工夫するだけでライン読みの精度は格段に上がります。ぜひプレーファストに気をつけながら、試してみてください。

1
スライスライン
まず、カップまでのラインで左右どちら側が低いのかを大まかに確認する

2
その後、傾斜の高いほうを通って、カップの逆側まで、ライン全体を観察しながら歩く

3
カップぎわの切れ方を入念に確認する

4
最後にボールとカップの中間地点の低い位置からラインを見ることで、タッチ（距離感）のイメージを描く

❶ボールにマークをするとき、カップに対してスライスラインなのかフックラインなのかを、大まかに確認する。❷傾斜の高いほう（スライスラインの場合は左側）から歩いて、ボールからカップまでのラインを全体的に観察する。❸カップぎわ（ラインの最終地点）の傾斜を確認する。❹傾斜の低い位置から上り下りの最終確認をし、どのくらいの強さで打てば良いのかイメージする。

5

❶～❹で収集した情報を元に、ボールの転がりをイメージして、最終的に打ち出すラインと打つ強さを決める

6

ライン取りを決めたら、あまり時間をかけずにストロークをしたほうが、狙った方向に打ち出しやすい。考えすぎて時間をかけるほど、体がスムーズに動かなくなり、ミスしやすくなる

❺❶～❹で収集した情報を元に、ボールの転がりをイメージして、最終的に打ち出すラインと打つ強さを決める。❻あとは自分で予測した距離感とライン取りを信じて、腹を決めてスムーズに打ち出そう。考えすぎや、時間のかけ過ぎは、かえって誤動作につながるので要注意。

関連動画はコチラ ▶

5

ファーストパットの外し方で
返しのラインは予測できる

フックラインの場合

❶ファーストパットの外し方で、返しのパットのラインは予測がつきやすい。例えば、Ⓐ、Ⓑ、Ⓒそれぞれの外し方で 1m のパットを残したとき、返しのラインはどのようになるのか？ 次ページを参考にして、返しのパットのライン読みの精度を高めよう。そうすることで返しのショートパットを外さなくなり、平均パット数を大幅に減らすことができる。

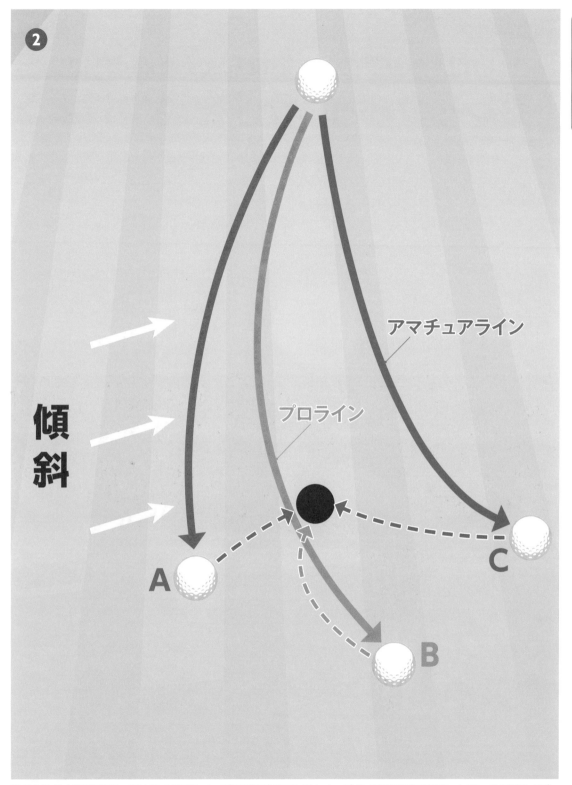

② 傾斜

アマチュアライン

プロライン

A

B

C

❷ Cのラインは俗にアマチュアラインと呼ばれ、カップの手前で切れてしまい、カップインの確率はゼロになる。しかし、その分返しのパットはストレートに近いラインが残り、2パットで上がりやすいラインとなる。**B**のラインはプロラインと呼ばれるもので、フック傾斜でボールがカップに向かっていくので、カップインする確率は高くなる。ただし外れた場合は、返しのパットは強めのスライスラインになりやすく、2打目を外す確率が上がってしまう。**A**のラインは傾斜の上側に大きく外したもので、返しのパットは下りだがほぼまっすぐのスライスラインが残る。このように、ファーストパットをどのように外すかで返しのラインの難しさが違ってくるので、それを考慮した上でパッティングの狙い目を決めよう。

関連動画はコチラ▶

狙いは「カップの横」ではなく「通過点」に‼
「ブレイクポイント」を見つけよう

いざラインを読んでパットの狙いどころを決めるときに「カップの右フチ狙い・2カップ右側狙い」というように、そのカップの真横に目標を設定する人がとても多いです。

しかし、そのような狙いどころの設定では、正しくラインに乗せてイメージ通りにカップインする確率を高めることはできません。

本項では、同じスライス（フック）ラインでも、フラットなのか上りなのか下りなのかにより、ブレイクポイント（＝傾斜の影響で曲がり始めるポイント）がどのように変わるのかを解説します。

これを理解していれば、パットの狙い目を「カップの横」ではなく「通過点」に置けるようになり、カップに吸い込まれていくボールの軌道のイメージが、経験を積むごとに明確に持てるようになるでしょう。

カップ

ブレイクポイント

フラット（上り・下りのない）なラインの場合、ブレイクポイントは自分のボールからカップまでの3分の2前後の位置になることが多い。これはボールのスピードが速い転がりの前半は傾斜の影響を受けづらく、ボールのスピードが落ちてくる転がりの後半は傾斜の影響を受けやすいためだ。

上り・下り・フラット、それぞれでブレイクポイントの位置は変わる

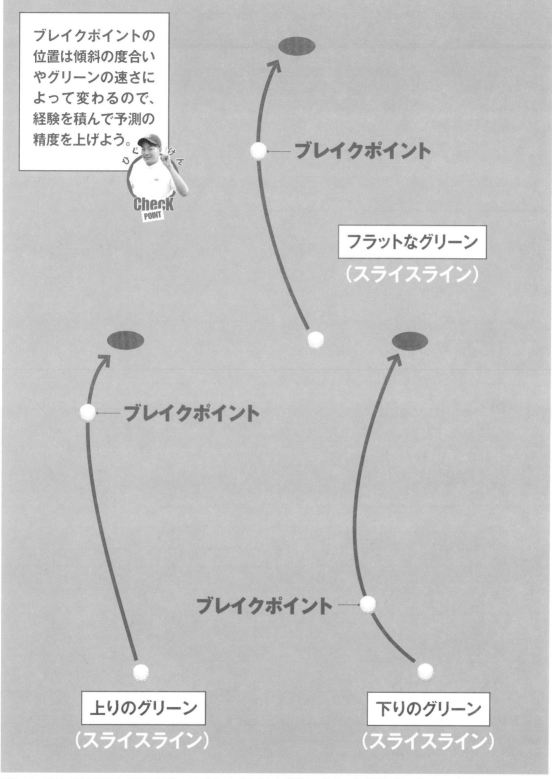

ブレイクポイントの位置は傾斜の度合いやグリーンの速さによって変わるので、経験を積んで予測の精度を上げよう。

Check POINT

ブレイクポイント

フラットなグリーン
（スライスライン）

ブレイクポイント

ブレイクポイント

上りのグリーン
（スライスライン）

下りのグリーン
（スライスライン）

フラット（上り・下りのない）な場合のブレイクポイントの大まかな位置は、前ページの説明の通りだ。上りの場合は、強めのタッチで打つので、最初はボールの勢いが強いため、スライス・フック傾斜の影響は少ないが、最後にボールの勢いがなくなったとたん、傾斜の影響をモロに受け始める。そのため、ブレイクポイントはカップ近くになる。下りの場合は、弱めのタッチで打つので、最初からボールの勢いが弱いため傾斜の影響を受けやすく、ブレイクポイントはボール近くになる。

関連動画はコチラ ▶

7

ストロークの安定感が増す!
練習法2ステップ

片手ずつ打つことで左右どちらの手で打つのが苦手なのかを確認

○ GOOD
左手

× BAD
右手

右手が悪さを
していた!

左右それぞれの手で、同じライン・同じ距離のパットを5球×3セットずつ行おう。すると、明らかにストロークが安定せず方向や距離がバラつく、苦手なほうが判明するはずだ。

苦手なほうの脇にタオルを挟んで、修正練習をしよう

1
2
タオルを右脇に挟む

❶苦手なほうの脇にタオルを挟んで、反対の手で脇を押さえて打つ。❷手だけで打つとヘッドが安定しないが、脇が締まった状態で打つと、手ではなく体を使って打つ感覚になるので、パターの軌道が驚くほど安定する。脇が締まるだけでも手と体の一体感が増し、グリップを握る手の感覚も良くなる。さらに逆の手で肩を押さえることで苦手な片腕でのストロークも安定し、パッティングの精度向上につながる。

大きな筋肉（背筋）を使ってストロークを安定させるドリル

前ページでご説明した、苦手なほうの腕の修正練習を行ったあとは、このドリルを試してみましょう。1本のタオルを両脇に挟み、その張りを保つことで肩甲骨が広がります。その状態で背筋を使ってストロークすることで、明らかに安定した動きを実感できるはずです。

両脇に挟んだタオルの張りを保ち
肩甲骨を広げた状態にすることが重要！

ストロークが安定しない人は、大きな筋肉（背筋）を使ってストロークをできていない。このドリルを行うことで、強制的に大きな筋肉を使ったストロークを体感できる。体・腕・クラブの一体感を得て、ヘッドの重さを生かしたストロークを習得しよう。

ロングパットをカップ43cm オーバーして打つ距離感はアマチュアには難しい。ただし、残り2m以内のショートパットなら、日ごろの練習で距離感を養うことは可能だ。

8 1〜2mのパットは 43cmオーバーさせて打つ

「パッティングにおいて、最も高確率で入るタッチは、カップを 17 インチ（43cm）オーバーする強さで打つことだ」。そのことは、元 NASA の研究員で PGA プレーヤーのショートゲームコーチとして、フィル・ミケルソンやミシェル・ウィーなど多くのプロを指導してきたデーブ・ペルツにより、データで証明されています。

タッチが強すぎるとカップに蹴られやすくなり、逆に弱すぎると芝の目や微妙な傾斜に左右されやすくなってしまうことから、"ほどよい強さ" のパットが、カップインの確率を高めるために求められます。

残り 1 〜 2m のパットは、アマチュアにとっては入れごろ外しごろの距離で、その日のスコアを左右する大事なパット。そんなときこそ、43cm オーバーする強さで打ちましょう。

ただ、グリーンの状態によってカップを通過するボールの転がり方が違います。速いグリーンでは適切なスピード感でカップにボールが到達しますが、重いグリーンで 43cm オーバーの距離感で打った場合、カップに到達するときのボールの速度が速くなるため、カップに蹴られる可能性が高くなります。よって、その日の朝の練習グリーンで、43cm オーバーを確認・練習しておくことが重要です。そのときにおすすめなのが、マークを挿してそこを狙って打つ練習。目標物が小さいため集中力も高まり、ボールがマークの上を通過するので、どれぐらいのスピード感でマークを通り越すと何 cm くらいオーバーしているのかを確認することができます。これは僕自身も試合の日の朝に必ずグリーンで行う練習法です。

1〜2m のパットは、43cm くらいオーバーさせる距離感で打てるように、ラウンド前の練習グリーンで感覚をつかんでおこう。マークを挿してカップ代わりにして、様々な傾斜や距離から練習しておくのもおすすめ

43cm

関連動画はコチラ ▶

プレーヤーのジャマに ならない立ち位置

他のプレーヤーがパッティングをするときに動き回ったり、他人と話したり、音を出すのはマナー違反だが、プレーヤーの邪魔になる位置に立つのもマナー違反になるので気をつけよう。

1 プレーヤーが打つラインの延長線上や、カップのすぐ近く。

2 プレーヤーが打つラインの後方。

3 プレーヤーの近く。

GOOD

プレーヤーの視界に入らない、背中側に離れて立つのが、いちばん邪魔にならない位置だ。上記の3点さえ当てはまっていなければ、プレーヤーとある程度離れた位置にいれば問題にはならない

第7章

バンカー

関連動画はコチラ▶

バンカーの基本は
『フェースを閉じながら当てること』

ほとんどのレッスン書で、バンカーの基本は「フェースを開いてアウトサイドインにボールの手前をダフらせる」と説明されています。しかし実際にその通りにスイングをしてみると、ボールが前に飛ばない、またはクリーンにヒットさせてホームランになってしまう、という状況に陥ってしまいます。

その理由は、上手な人やプロゴルファーが感覚で行っている"ある動作"が説明されていないからです。これはわざと教えていないのではなく、「上手い人」は感覚でこれを行っているので、自分でも気づいていないケースがとても多いからです。

その"ある動作"の正体とは『インパクト時に、フェースを閉じながら当てる動作』です。しかし、フェースが閉じた状態でダフらせてしまうと、クラブは砂に埋まってしまいます。そこでどうすれば良いのかというと、フェースを閉じながらインパクトを迎えても、まだフェースが開いている状態になるくらい、構えの段階でフェースを思いっ切り開いておきましょう。そして、テイクバックでは、フェースローテーション（クラブの開閉運動）を入れることも不可欠です。アウトサイドインの意識は必要ありません。思い切って開いて構える、そこから開きながら上げる、ダウンスイングでは閉じながら下ろす。『開いて開いて閉じる』ことで、バンカーは少ない力で簡単に打てます。

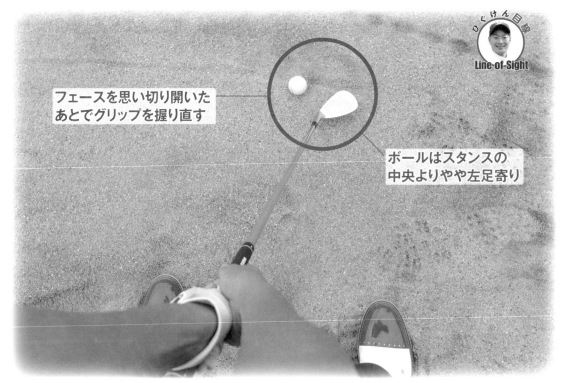

ひじけん目線 Line of Sight

**フェースを思い切り開いた
あとでグリップを握り直す**

**ボールはスタンスの
中央よりやや左足寄り**

足元がぐらつかないように両足を少し砂に埋め、普段の構えよりもどっしりと深めにひざを曲げる。重心が低くなった分、クラブは少し短めに握ろう。フェースを思い切り開いたあとは、その状態でグリップを握り直すことも忘れずに。

バンカーのときは軽く左足重心で構える

左足に極端に体重を乗せてしまうと、ヘッドが鋭角に下りすぎて砂に刺さってしまう。そうならないように、ほんのわずかに体重を左足に多めに乗せよう。

グリップを短く握る

常の構えより
めにひざを曲げる

思い切ってフェースを開く

軽いオープンスタンスに構える

バンカーショットの基本の流れ

① **GOOD**

② フェースローテーションを行って、さらにフェースを開きながらテイクバックする

しっかりとフェースを開いて構える

❶つま先、肩、腰のラインは目標方向より少し左を向くようにして構える。ボールの位置はスタンス中央やや左にセットして、フェースを思い切って開いて構える。❷フェースを開きながら（ローテーションを入れながら）、インサイドにクラブを上げる。

GOOD

フェースを開きながらテイクバックできている

フェースを開きながらインサイドにテイクバックすることで、砂の表面部分をサラッと打つことができる

目標方向よりやや左を向いている（軽いオープンスタンス）

トップまで上げたとき、フェースは構えたときよりもさらに大きく開いている。

ボディーターンでフェースを閉じながらダウンスイングする

ボールの3cm手前にヘッドを入れるイメージを持とう。そのために、ボールではなく3cm手前の砂を見ながらスイングするのがコツ

構えでも、テイクバックでも開く動作を行っているので、クラブが刺さることはない

❸ボディーターンで、クラブをローテーションさせてフェースを閉じる意識でダウンスイング。実際は構えとテイクバックの時点でフェースを思い切り開いている分、フェースは開いた状態でボールに当たる。❹インサイドインのクラブ軌道でフェースが閉じていく動きの中でインパクトを迎えるので、ほどよい砂の量を取るバンカーショットができる。こうすることで少ない力でもボールはフワッと前に飛んでくれる。この、【ローテーションの中でボールをとらえる】意識が定着すれば、バンカーはとても簡単になる。

フェースが閉じた状態でテイクバックしている

テイクバック時にフェースが閉じていると、インパクト時にリーディングエッジが砂に突き刺さってしまうため、ウェッジの性能を生かしたバンカーショットはできない

テイクバックでフェースローテーションをせずに、トップポジションでヘッドがかぶった状態になってしまうと、リーディングエッジが砂に刺さってしまう。

関連動画はコチラ ▶

2 短い距離のバンカーショットのコツ
〜強く振っても飛ばない構えを覚えよう〜

バンカーからピンまでの距離が近いとき、本項で紹介する"強く振ってもボールが上がって飛ばない構え"を知っておくと、対応がラクになります。右写真くらい極端にフェースを開き、バウンスを生かして振り抜くだけで、短い距離のバンカーショットは思いのほか寄せやすくなります。逆にフェースをしっかり開かないと、ヘッドが砂に潜ってボールがほとんど飛ばないチョロになったり、ボールにクリーンに当たってホームランになったりというミスになってしまうので注意が必要です。

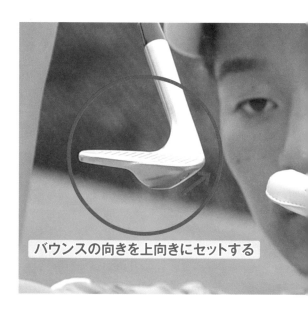

バウンスの向きを上向きにセットする

「強く振っても飛ばない構えのコツ（手元の位置とスタンス）」

BAD

ハンドレイト

❶

GOOD

左足を少し引く

ボールの真上にグリップ

❷

フェースをしっかり開き、バウンスを生かすことで、ボールは自然と上に飛んでくれる。❶しかしそのときに、手元の位置がハンドレイトになると、ミート率が下がってしまう。❷左足を少し引いてオープンスタンスにして、手元がボールの真上になるように調整した上で、フェースをしっかり開こう。

「強く振っても飛ばない構えのコツ（重心とスタンス幅について）」

重心が高い

スタンスが狭い

重心を落とす

両足を少し広げる

足を少し埋める

❶バンカーは足場が不安定なので、スタンスが狭かったり、足を砂に埋めずに重心が高いと、体が上下動してミスにつながる。❷下半身が踏ん張れるように足を砂に少し埋め、広めのスタンスで重心を低くして構えることで、強く振っても上下動しづらくなり、ミスもなくなる。

❶ここまでで説明した「ボールが飛ばない構え」を作ることができたら、あとはホームランを恐れずにクラブをしっかり振り抜くことがピンに寄せるコツだ。❷フェースを大きく開いているので、スイングを大きくしても飛ばない。仮にホームラン性の当たりになってもフェースが開いていれば、そこまで飛距離は出ないので、安心して振り抜こう。❸ ❹ヘッドスピードを落とさず、緩まずに振り抜けば、ボールは前ではなく上に飛ぶ。※ただし、砂が極端に硬いバンカーだと、バウンスが弾かれてリーディングエッジがボールに当たり、トップになる恐れがあるので要注意だ。

関連動画はコチラ▶

目玉のバンカー
簡単に脱出する方法2選

大ピンチに思える目玉の状況も、対策を知っていれば焦ることはありません。クラブの構造を利用して、目玉からでも『上手くいけば寄る』という自信を持てれば逆に良い流れを作るチャンスにもなります。本項では2種類の目玉対策の方法を紹介します。2種類の打ち方とも、使用する番手は普段のバンカーショットと同様で、SW(58°)になります。

フェースをかぶせて打つ

①

クラブを鋭角に下ろす必要があるため、ボールの位置は真ん中よりやや右寄り

フェースを強めにかぶせる

②

ボールの5cm手前を目安にリーディングエッジを刺していく

❶ボールが半分以上埋まっている目玉は、クラブを砂に深く入れないとしっかり打てないので、フェースを強めにかぶせて構える。
❷フェースを強くかぶせる影響で出球はやや左に出やすい。そのため、構えの段階で目標方向より少し右に向くようにスタンスを取る。クラブはコックを入れて振り上げ、ボールの手前にリーディングエッジを差し込む意識を持ち、強く振り下ろす。

左足上がりでも
体重は左足に8割

このような目玉の状況で最も重要なのは、「クラブをいかにボールの手前に差し込み、砂ごとボールを脱出させるか」です。そのためにも、左足上がりの状況でも思い切って左足体重で構え、かぶせたヘッドを鋭角に下ろしていきます。

クラブが鋭角に下りてくる

スイングは
インパクトで終了

❸クラブが鋭角に下りてきて、ドスンとインパクトを迎えたら、フォローは取らずスイングは終了。❹クラブヘッドはかなり深い位置まで潜るが、潜るときに砂の抵抗を強く受けるので、フェースは自然に開き、柔らかいフワッと上がるボールになる。

2つ目は、パワーに自信のない人や女性におすすめの打ち方です。クラブの長さとヘッド重量を利用して、少ない力で目玉からボールをフワッと脱出できる方法です。「片手を離す」ことに最初は不安や抵抗があると思いますが、思い切って挑戦してみてください。やり方とタイミングさえつかめば、目玉が少し楽しみに思えてくるはずです。

力を使わずに目玉のバンカーからフワッと出す方法

力がなくても目玉から脱出できるので、女性にもおすすめの打ち方だ。❶スタンスはショットと同じくスクエアで、フェースも特に開いたりはしない。ボールの位置も真ん中にセットする。スタンス幅を広く取り、重心を低くして構える。❷ヘッドの重さを利用するために、しっかりテイクバックする。

❺❻右手を離した状態でインパクトすることで、砂の抵抗を受けて減速したヘッドとボールの速度が近くなり、目玉からでも柔らかい球質で脱出することができる。

3 打ち込みにいくのではなく、「重力＋ヘッドの重さ」をボールの少し手前に落としていくイメージ

4 打つ直前に右手を離す

❸砂からすくい出そうと力を入れて振るのではなく、クラブの重さを感じながら上から下に振り下ろそう。❹クラブヘッドを目玉のボールの手前めがけてドスンと落としていくが、ボールに当たる直前に右手を離す。

7

8

❼❽右手を離したあとは、左手とクラブはゆっくりでも良いので、意識的にフォロースルーを出していこう。減速したヘッドとボールが一緒にバンカーから脱出していくイメージ。アゴが高くても脱出できるが、ボールが上がり距離が出づらいので、ピンが近いときにおすすめの打ち方だ。

関連動画はコチラ ▶

バンカーの正しいならし方

バンカーを打つときには低い位置からレーキを持って入る。

自分のスタンスの跡とショットの跡は特に深くなっているので、最初に足を使って大まかにならしていく。

次にレーキの爪がついたほうを使用して、スタンスの跡とショットの跡をならしていく。

レーキを体の近くから前に押し出すように動かして、できるだけ凹凸がなくなるようにならしていく。

次にレーキを逆さにして、平らな面を使って砂の表面に細かい凹凸がなくなるようにきれいにならす。

スタンスの跡とショットの跡をならし、最後に自分の足跡を後ずさりしながらならす。バンカーに入るときと出るときを同じルートにすると、ならす範囲も狭くなり時短になる。

第8章

メンタル・マインド /
マネジメント

関連動画はコチラ ▶

OBを激減させるマネジメント術
フェアウェイの真ん中ではなく
安全（無罰）エリアの真ん中を狙おう

危険（OB）エリア

皆さんはドライバーでティーショットを打つとき、「なんとなく安全そうだから」という理由で、フェアウェイのセンターを狙って打っていませんか？もしそうだとしたら、それは大きな間違いです。

ドライバーのティーショットで一番大切なこと

は、OBを決して打たないことです。そのためには、危険（OB）エリアを徹底的に避けて、最も安全なティーショットの狙い目はどの方向なのかを判断することが大切です。

例えば、上写真のホールのように、フェアウェ

安全（無罰）エリア

安全（無罰）エリアのセンターを狙うと左右どちらに曲げてもボールが残ってくれる可能性が高い。その心の余裕があることで、スイングもスムーズになる

フェアウェイのセンターを狙うと少しフックが強めに入るだけでOBになるリスクが高い

イの左がOBエリアで、右が山になっている場合、フェアウェイセンターを狙って、思いのほかフックが強くかかったとすると、すぐOBになります。

しかし、山すその方向を狙うことで、左に曲がってもフェアウェイの横幅をフルに活用することが

できるし、右に曲がってしまっても斜面を転がってボールが落ちてくる可能性が高いです。このように、ティーイングエリアに立ったときは、安全なエリアを見つけ出し、そのエリアのセンターに向かって打つように心掛けます。

関連動画はコチラ ▶

ラウンド前日の練習は「確認と調整」が目的である

普段はあまり練習されない人でも、ラウンドの前日となると、「少し練習でもしておくか」と、練習場に足を運ばれることと思います。そんなとき、「思うようにボールに当たらなくて不安になった」「練習場で調子が良くて期待値が高まっていたにもかかわらず、コースではミスショットを連発して落ち込んだ」、という経験はありませんか？

残念ながら、前日の練習で突然ゴルフが上手くなることはありません。練習場で何十発も打って上手く当たるようになったとしても、一発勝負のコースで練習場と同じように打つことはとても困難です。

それより、前日はスイングの「確認と調整」を心掛けましょう。そのために、まずひとつ目に重要なのは「アライメントの確認」です。アライメントを正しく取ることが、コースでナイスショットを打つための鍵になります。

そして、2つ目に重要なのが「スイングリズムを整える」ことです。コースに出るとどうしてもボールを打つ意識が強くなるので、スイングリズムが速くなり、ミスショットにつながります。以上の2つのことを頭に入れておいて、前日の練習では「技術の上達を目指す」という目的ではなく、コースでのミスを減らすための「確認と調整」という目的で臨みましょう。

アライメントを確認する

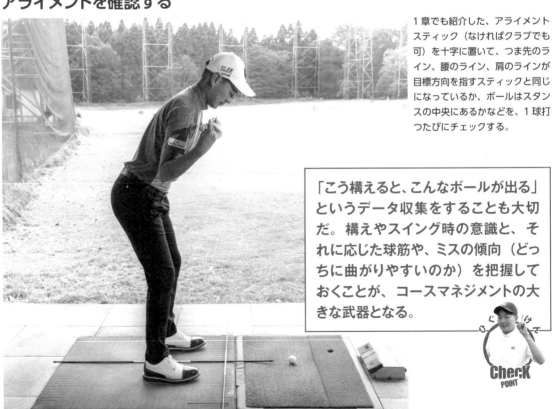

1章でも紹介した、アライメントスティック（なければクラブでも可）を十字に置いて、つま先のライン、腰のライン、肩のラインが目標方向を指すスティックと同じになっているか、ボールはスタンスの中央にあるかなどを、1球打つたびにチェックする。

「こう構えると、こんなボールが出る」というデータ収集をすることも大切だ。構えやスイング時の意識と、それに応じた球筋や、ミスの傾向（どっちに曲がりやすいのか）を把握しておくことが、コースマネジメントの大きな武器となる。

Check POINT

スイングリズムを整える

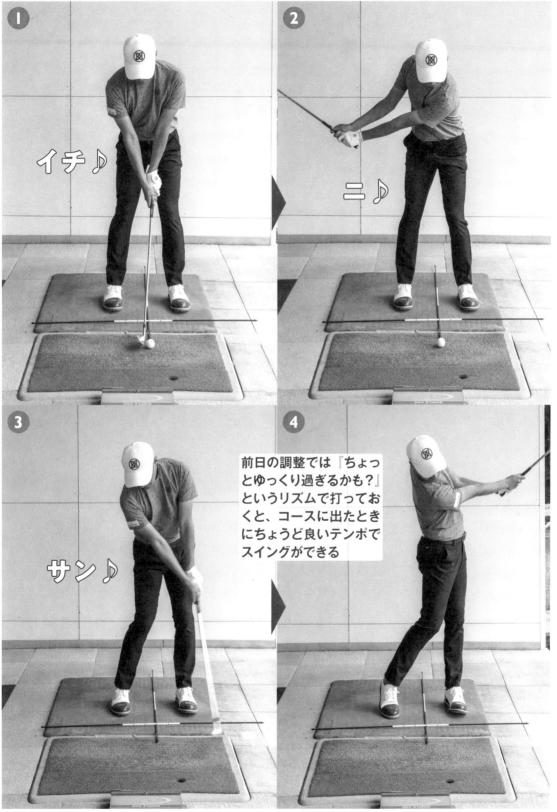

手の位置が腰から腰のボディーターンを使ったショートスイングを、イチ、ニ、サンと、リズムを取りながらゆっくりと行う。バックスイングでは左ひじを伸ばす、フォロースルーでは右ひじを伸ばすことを意識する。

前日の調整では『ちょっとゆっくり過ぎるかも？』というリズムで打っておくと、コースに出たときにちょうど良いテンポでスイングができる

関連動画はコチラ▶

3 スコアを乱さないために【仮想ピン】を設定しよう

① 最も安全な縦距離を把握し、番手を選ぼう

▶池を絶対に越え、飛びすぎてもグリーンはオーバーしない飛距離の番手のクラブを選ぼう

② 最も危険な方向を避け、最も安全な目標（仮想ピン）を設定しよう

▶グリーン右の OB を避けるため、グリーンセンターか、センターよりやや左を狙おう。
①と②の考え方を毎ショット徹底することで、マネジメント能力は向上し、スコアを大きく崩すことも減っていきます。

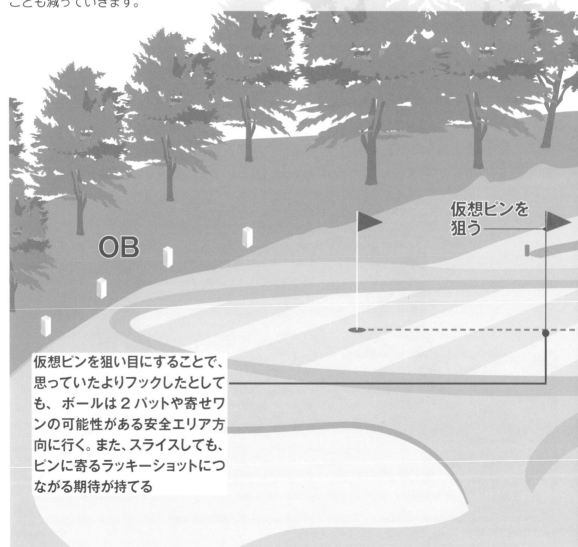

仮想ピンを狙う

OB

仮想ピンを狙い目にすることで、思っていたよりフックしたとしても、ボールは2パットや寄せワンの可能性がある安全エリア方向に行く。また、スライスしても、ピンに寄るラッキーショットにつながる期待が持てる

ミドルホールのティーショットをナイスショットして、2打目がピンまで残り130Yだったとすると、皆さん迷わずピンを狙って、あわよくばバーディーチャンスにつけたいと思っていませんか？

しかし、この「迷わずピンを狙う」ことには、スコアを崩すさまざまなワナが潜んでいます。

スコアを崩さずに、安定してまとめるためにも、徹底してリスクを回避することが大切です。ピンがどの位置に切ってあるのか、どっちに外すと危険で、あるいはどっちに外すと安全なのか、すべての状況を総合的に判断した上で、ショットの狙いを決めましょう。

例えば、イラストのようにグリーンの右端にピンが切ってあるホールでのセカンドショットで、グリーン手前に池、奥にはアゴの高いバンカー、右は急傾斜で落ちるとOBというロケーション。仮にピンを狙って打った場合、右に外すと即OB、手前の池に落ちても1ペナ、奥に外しても難しいショットが残ります。つまり、ここでピンを狙うことは、スコアを崩してしまう大きな危険をはらんでいるのです。

このような状況下で、毎回一か八かの勝負をしていてはスコアはまとまりません。ピン狙いが危険だと察したら、グリーンに乗る確率が比較的高く、最もリスクが少ない狙い所（＝仮想ピン）を決めて、より安全なコースマネジメントを徹底しましょう。

こっちに外してもOK！
他の場所に外すより寄せワンの
可能性が一番高い！！

安全エリア

関連動画はコチラ ▶

100切りを目指すなら まずは PWでの寄せを習得しよう

　100 切りを目指す人にまず習得してほしいのが、グリーン周りでの PW の活用です。グリーン周りにくると、「寄せワンしたい」という思いが強くなり、ついつい 52°や 58°を使いたくなります。しかし、このようなクラブはロフトが寝ている分、振り幅も大きくなり、トップしたときにピンを大オーバーしてしまうリスクがついて回ります。

　そこで、クラブをまだうまくコントロールできない初心者にこそ、PW がおすすめです。58°や 52°よりロフトが立っていて振り幅も小さい分、様々なライや傾斜でもボールにミートさせやすく、ほどよい転がりで確実にグリーンオンさせる

ことができます。

　また、ミスをしたときの振れ幅が少ないのも、PW の大きな強みです。例えば、トップのミスをした場合も、スイングの振り幅が小さい分、ピンを大オーバーするリスクを最小限に抑えることができます。一方、58°でアプローチをしてトップをした場合、当然振り幅が大きいので飛距離も出て、ピンを大オーバーしてしまい、スコアを崩す要因になります。

　以上の理由から、PW こそ 100 切りを目指す人にはうってつけのクラブなので、皆さんもぜひ活用してみてください。

グリーン周りはすべて PW を使う

小さい振り幅でボールが転がる

PW のアプローチは小さい振り幅で打つため、トップしても大きなミスにならずにピンに近寄っていくので、スコアメイクにもつながる。

グリーン周りの様々な状況にも対応できる

小さい振り幅なのでクラブを
コントロールしやすい

PWはロフトが適度に立っているので、グリーン周りの様々なライや傾斜にも対応しやすい。PWでの小さい振り幅を極めてスコアアップし、100切りを目指そう。

関連動画はコチラ ▶

ミスのあとほど、適切な判断を!!
林から脱出するときのポイント

ラウンドレッスンでアマチュアの皆さんと一緒に回るとき、林に打ち込んだときのプレーを見ると、そこから脱出するための番手選択や、スイングイメージを明確にできていない人が多いです。

まず大前提として、林に打ち込んでしまったときは、どんなライでどう打てば脱出できるのか、ボールのある位置に行ってみないとまったくわかりません。そんなときはクラブは多めに4本くらい持っていきましょう。正しい選択をする上でも、プレーファストの面でも大切です。無事にボールを見つけることができたら、自分のレベルにあった脱出ルートを探しましょう。どの方向にどんなショットを打てば脱出できるのか。枝の高さや空間の広さ、目の前の土手の高さ、ライなどから総合的に判断して、打ちたい球筋をイメージして、番手を選択することが大切です。

難しいロケーションほど無理をして大叩きしてしまいがちなので、あくまで自分のできる技術の範囲内でのマネジメントを心がけること。

そして、最終的に、リスクを最小限に抑えて安全に行くべきなのか、リスクを負って狙いに行くべきなのか、そのときの状況から冷静に判断していきましょう。

初心者の狙い目
(リスク小)

グリーン方向

中級者の狙い目
（リスク**中**）

上級者の狙い目
（リスク**大**）

Check POINT

林に入った場合は、ボールがどんなロケーションにあるのかわからないので、低いボールから高いボールまで打てるように、5I、7I、9I、52°（AWでも可）の4本を持っていく。そのために、それぞれのクラブのボールの高さを練習場などでしっかり把握しておく。

YouTube チャンネル「ひぐけんゴルフ TV」

プロゴルファー樋口健太郎（ひぐけん）と、弟であるアマチュアゴルファーの翔太郎で運営している。初心者〜上級者まで幅広いレベルを対象に、シンプルでわかりやすいレッスンを配信中。
「ゴルフで日本を楽しく明るく豊かに！」をテーマに、レッスン以外にも、マナーやルール、ラウンド、エンタメ系など、多岐にわたるジャンルの動画を配信することで、視聴者から支持を集めている。

著者 樋口健太郎（ひぐち・けんたろう）

【経歴と主な戦績】
小学生の頃に父の勧めでゴルフを始める。
中学生の頃にオーストラリアにゴルフ留学をし、ゴルフ強豪校の千葉学芸高校に進学。
高校時代は全国高等学校ゴルフ選手権6位、日本アマチュアゴルフ選手権出場という戦績を残し、スポーツ推薦で立命館大学に入学。
体育会ゴルフ部では副主将を務め、団体戦全国4位になり日米大学対抗戦に出場。
その後プロの道を目指す決意をし、大学を中退。
2016年に2度目の挑戦でPGAプロテストに合格しトーナメントプレーヤーとなる。
プロ転向後は、QTサード進出、近畿オープン3位Tなどの成績を残すもレギュラーツアーは未出場。
●近年のゴルフ関連の活動
現在、YouTubeとInstagramを中心に、独自の練習法やゴルフの楽しみ方を配信・発信中。
ゴルフの上達を目指す合宿や、ゴルフを楽しむためのコンペを多数企画、運営。
オープン競技やマンデー競技に出場しながら、レギュラートーナメント出場を目指す。
2020年3月 Instagram開始 現在フォロワー5.2万人
2020年9月 YouTube「ひぐけんゴルフTV」を弟・翔太郎と共に開設（2023年8月 登録者数21万人）
独自のゴルフの理論・レッスンを展開するとともに、ゴルフの楽しみを総合的にプロデュースし、ゴルフファン（人口）の増大を目指す。現在の最大の目標は、応援してくださっている方や視聴者の方々に、レギュラーツアーの舞台でのプレーを観ていただくこと。

共著者 樋口翔太郎（ひぐち・しょうたろう）

立命館大学 経営学部出身。
2020年7月 株式会社大広を退社後、フリーのプロデューサー、プランナーとして独立。
2020年9月 YouTube「ひぐけんゴルフTV」を兄・健太郎と共に開設（2023年8月 登録者数21万人）
●現在の主な活動
・「ひぐけんゴルフTV」のプロデュース
・企業協賛のプランニング、実施
・チャンネルタイアップのプランニング、実施
・ゴルフイベントの企画・運営
・動画の企画・編集
・新規事業の企画・開発
「ゴルフで日本を楽しく明るく豊かに！」をテーマに、YouTube運営を軸とした新規事業領域の開発、事業化を推進する。ほぼ毎日ハイボールを飲むことで有名。

本気で上達したいゴルファーのための参考書
わかる！身につく！

ひぐけん流ゴルフ術

2023 年 11 月 20 日　初版発行

編集人　佐々木 曜
発行人　志村 悟
印　刷　大日本印刷株式会社
発行所　株式会社ブティック社
TEL：03-3234-2001
〒 102-8620　東京都千代田区平河町 1-8-3
https://www.boutique-sha.co.jp
編集部直通　TEL 03-3234-2071　販売部直通　TEL 03-3234-2081

PRINTED IN JAPAN　　ISBN：978-4-8347-9076-4

著　者　樋口健太郎
共著者　樋口翔太郎
編　集　ナイスク（https://naisg.com/）
　　　　松尾里央　岸 正章　崎山大希　鈴木陽介
構　成　田中宏幸
デザイン　沖増岳二
撮　影　魚住貴弘　中崎武志
イラスト　アドプラナ
協　力　北谷津ゴルフガーデン
　　　　ゴールデンクロスカントリークラブ

本選びの参考にホームページをご覧ください
ブティック社　検索
https://www.boutique-sha.co.jp